▷ 新生代农民工融入城市生活丛书

融入篇

主编　王御覃　冯刚民

编委　王御覃　冯刚民

　　　张国魁　贺宝恕

　　　刘富刚　郭延会

　　　康亚民　金小芳

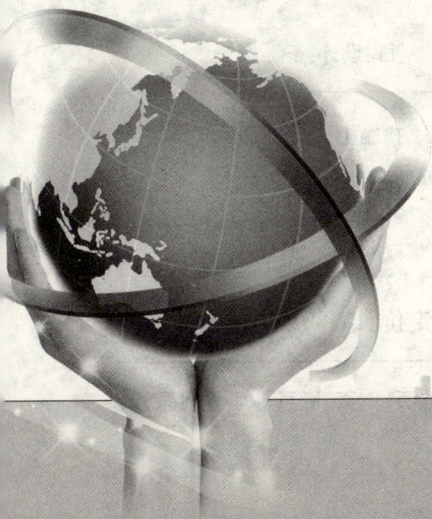

WUHAN UNIVERSITY PRESS

武汉大学出版社

图书在版编目(CIP)数据

融入篇/王御覃,冯刚民主编. —武汉:武汉大学出版社,2010.10
新生代农民工融入城市生活丛书
ISBN 978-7-307-08115-4

Ⅰ.融… Ⅱ.①王… ②冯… Ⅲ.农民—劳动就业—基本知
识—中国 Ⅳ.D669.2

中国版本图书馆 CIP 数据核字(2010)第 166935 号

责任编辑:聂勇军 责任校对:黄添生 版式设计:王 晨

出版发行:**武汉大学出版社** (430072 武昌 珞珈山)
(电子邮件:cbs22@whu.edu.cn 网址:www.wdp.com.cn)
印刷:湖北恒泰印务有限公司
开本:880×1230 1/32 印张:6.375 字数:139 千字
版次:2010 年 10 月第 1 版 2010 年 10 月第 1 次印刷
ISBN 978-7-307-08115-4/D·1033 定价:16.80 元

版权所有,不得翻印;凡购买我社的图书,如有缺页、倒页、脱页等质量问题,请
与当地图书销售部门联系调换。

总　序

21 世纪以来，指导"三农"工作的第 7 个中央一号文件于 2010 年 1 月 31 日发布。一号文件提出，要"着力解决新生代农民工问题"，这是党的文件中首次使用"新生代农民工"这个词。

新生代农民工，通常指 1980 年代、1990 年代出生的登记为农村户籍而在城镇就业的人群。他们生长在农村，初高中毕业后进入城镇就业，或是自幼随打工父母在城镇长大。这部分农民工平均年龄 23 岁，八成未婚，多数初中毕业，总计约 1 亿人。

从 20 世纪 80 年代农民小规模的"盲流"，到 90 年代农民开始成规模、有计划地向城市流动，再到 21 世纪农村学生中学一毕业或没毕业就到城市打工，我国农民的城市化已经从自发被动变成自觉。在这一过程中，根据流动程度大小，我们可将农民工分为三个群体：一是基本融入城市的农民工；二是常年在城市打工、同时流动性较强的农民工；三是间歇或季节性在城镇务工，仍然兼顾农业生产的农民工。目前，第二类是农民工的主体，这些新生代农民工有一个共同特点：排斥自己的农民身份。有关调查显示，新生代农民工中，只有 8.7% 的人认为自己是农民身份，75% 的人认为自己属于工人群体。他们对农业陌生，也不愿像父辈那样回到农村，他们不但文化素质较高，视野开阔（能从报纸、杂志、书籍、电视、网络等多种渠道获取知识、信息），易于融入城市（能成长为现代产业工人和接受城市生活方式），而且更为重要的是，他们拥有理想，富有工作激情，渴望更好的城市生活，期望通过自己的奋斗，能够实现在城市安居乐业的梦想。

然而，梦想很"丰满"，现实却很"骨感"。尽管近年来我国为进城打工农民工出台了许多保障措施，努力提高他们的工作地位，维护其基本权益，力图让他们体面劳动，过上有尊严的生活，但现实面前我们不无遗憾地发现，限于种种困难，这些政策、措施并没有完全落实下去，或暂时无法贯彻执行。在许多城市，一些农民工仍像20世纪80年代那样辛苦一月仍只能得到几百元，抛开基本生活费所剩无几。农民工地位仍很低，不但劳动合同签订率低，而且欠薪、工伤事故和职业病发生率过高。此外，社保体系也不完善，无法实行"一卡通"，造成农民工不愿办理社保。据全国总工会课题组调查显示，目前新生代农民工中，享有养老、医疗、失业保险的比例仅分别为21.3%、34.8%和8.5%。此外，户籍、住房、子女教育也是一个很大的问题。农民工尽管为城市做出了巨大贡献，却无法像城里人那样享受城里人该有的生活及福利待遇等。

因此，农民工朋友要想在城市站稳脚跟，找到一份相应的稳定工作并融入城市，最终成为城市的一员，还有很长的路要走。

但梦想终归是美好的，城市化进程已是大势所趋，农民工融入城市将只是时间问题。有鉴于此，我们特组织专门人员编写了这套《新生代农民工融入城市生活丛书》，这套丛书一共四本，分为认识篇，生存篇，安居篇，融入篇。每本书均定位准确，针对性强，注重实用性、指导性及操作性，无论你是准备进城务工还是想在城市长久生存，还是想在城市安居乐业，均能从本书中汲取相应的养分，寻找到合适答案。

当然，考虑到是针对农民工的读物，本书讲究通俗易懂、言简意赅，对当前困扰农民工的社保、医疗、住房及子女教育等如何融入城市的各种现实问题，本书并没有作太多过于高深的理论探讨。我们认为，对这些共性问题，那只是理论专家的事，是政府领导人考虑的事，而不是本书所要讨论的事，本书的主旨就是以最浅显的论述，最亲切平和的语言，最富有条理的方式，让出门打工者切实认识城市，让进城务工者能在城市学会生存，让有所成就的农民工安居乐业，并为心怀梦想的农民工如何更好地融入城市提供相关指导。

新生代农民工如何融入城市是个大问题，也是现实迫切问题，我们相信，随着全社会对此问题的关注，随着中央系列关注新生代农民工的政策陆续出台，新生代农民工融入城市的脚步声将越来越近，新生代农民工定会同城市市民一样，同踏一方热土，同洒一腔热血，同拥光荣梦想，同享城市文明，同分城市财富。

市民朋友，面对这批数字庞大的"陌生"的城市准市民，你们已经准备好了热情的双手和火热的拥抱么？

编　者

2010 年 6 月

前　言

　　城市的街头和楼宇间有你匆匆的身影，超市或餐饮店里有你温馨的微笑，热火朝天的建筑工地有你挥洒的汗珠。每天都会遇见你，无论是踌躇满志，还是略带乡愁，都像是沾着泥土的珍珠，星罗棋布地散落在城市的各个岗位上，用你的热情和双手给你生活的城市注入新的生机和活力。

　　这幅情景就是你的今天或明天——你即将或者正在从一个农业劳动者变为城市中的一员。

　　目前，我国 8 亿多的农村人口中，已经有近 2 亿的打工者活跃在城市的各个地方，这个数字大大超过了许多发达国家的人口总数。历史证明，每一次大的人口变动总是和重大的社会变革相伴而行。始于 20 世纪 80 年代的大规模的农民进城打工潮，在中国农村经济体制变革的大背景下产生，以其不可阻挡的势头和宏大规模推动着城乡经济的发展，加速了国家城镇化、现代化建设进程的脚步，这表明我国农业人口已经源源流入城市。要知道，在一个不长的时间内，千百万农村劳动者要完成身份的转换，这是人类历史上在和平时期从未有过的壮举。

　　当然，当农村人口源源不断地流向城市时，也意味着他们要承受许多变迁中的压力和问题。这是每个扎根城市的人都无法回避的。城市生活与农村生活会有很大的差别，短时间内会让农村人无法适应，一度感到茫然无措。但进入了城市，就要努力了解城市、适应城市、融入城市。遵守城市生活规范，养成良好的行为习惯，做一个真正的城里人。

只有那些勇于面对现实，勇于挑战传统的人，才能融入城市生活，和城里人同享城市文明。

编写此书，其目的就是为了帮助更多的农民朋友顺利地扎根城市，不断地提高在城市里的生存生活质量，真正实现如温总理所说的，让城市农民工成为城里人的伙伴、朋友，成为城市一员，做城市新市民。

作　者

2010 年 5 月

目　录

第一章　我是城市的一员

陌生的环境、熟悉的人情

故事：浓浓邻里情

　　我在南京城里修车已经三年了，感觉在这里的生活跟在乡下的时候差不多。除了有些人稍微刻薄了一点以外，很多人还是比较善良和友好的。在这几年中，我很感激住在我车棚附近的那些老人们，他们平时喜欢在门口乘凉或晒晒太阳，我感觉到他们对我比较友好，常常跟我打招呼，有时候，还帮助我跟来往的客人讨价还价。天热的时候，如果某家做了绿豆汤什么的，也不忘给我带一碗过来；天冷的时候，也常常会给我一些家里人不穿的保暖衣服。说实在的，我很感激他们。

　　既然他们对我那么好，我也是懂得知恩图报的人，我也经常给他们一些照顾。如果哪一家的桌子、凳子坏了，那么我总是抢着去修。咱不图什么，看着他们开心，我心里也很乐了。

很多在城市里打工的民工朋友，经常感觉到在城里人面前抬不起头来，不敢也不想跟他们交往，所以，我们的生活和城里人几乎是两条平行线，永远没有交点。即使我们生活在城市里，我们的心仍然留在乡下。但是，我们毕竟是住在这里的，跟城里人每天抬头不见低头见，我们必须跟城里人交往。

由于民工朋友和城里人在生活环境、对事物的看法等各方面都存在着差距，交往过程中有一些矛盾和摩擦也是正常的。但人心换人心，这位修车人的敦厚和善良，换来了难得的邻里情和城市居民对他的尊重。

俗话说：远亲不如近邻。如果邻里之间能在和谐、友好的气氛中朝夕相处，那可谓是一件幸事。只要邻里之间能多一些体谅、宽容，何愁不能安居乐业？

首先，邻里相处要互帮互助和严守信用。每个家庭在日常生活中都会遇上大大小小的困难，这就需要邻里之间互相帮助，能办到的事情要尽量帮忙，别人有了困难，应该积极主动地去帮一把，万不可幸灾乐祸，在一旁看笑话；同时邻里之间还要讲信用，做不到的事情千万不要对别人夸下海口，以免误了别人的大事。借邻居的东西一定要及时归还，如果因一时疏忽而延误了归还时间，应当向人家表示歉意。

其次，多为他人着想，多考虑自己的兴趣爱好、生活习惯会不会给别人带来苦恼。人和人之间有着很大的区别，尤其是在生活习惯方面，或许你感觉没什么，但说不定你的某些行为有可能就会伤了邻里之间的和气。

最后，要学会礼让与宽容。对邻居要以礼相待，平易近人，切不可视若路人，见面后要主动和别人打招呼，平时对邻居不要苛求，谈得来的，固然可以多接近；谈不来的，也要维持一种有距离的友好态度，切记不要有指桑骂槐的坏习惯。对于邻居不合理的要求和做法，采取"有理、有节"的态度，合理地、妥善地解决。

这里有个小故事。从前，有个小男孩跑到山上去玩，无意间对着山谷大喊了一声："喂……"立刻，山谷也回应了一声："喂……"听到有回答，小男孩很兴奋，对着山谷又大叫："你好!"山谷又回应："你好!"小男孩问："你是谁?"山谷回答："你是谁?"小男孩很生气，叫道："你是谁? 快说! 不然我生气了!"山谷还是同样地回答他。小男孩气极了，大叫道："我恨你!"立刻，"我恨你"的叫声从四面八方传了过来。小男孩很伤心。回到家里以后，他告诉了妈妈这件事情，妈妈建议他再到山上去，对着山谷叫"我爱你"。小男孩照做了，立刻山谷中回荡着"我——爱——你——"。小男孩笑了，笑声飘荡在山谷中，久久不能平息。

小男孩对山谷说什么，山谷也以同样的回声来回应他，我们人与人之间的交往也是一样的。我们自己就是对方的一面镜子，我们怎样对待别人，别人也会怎样对待我们。

出门在外靠朋友，在打工生涯中，希望我们对周围人喊出的不是"我恨城市，我恨城里人"，不是"我感到不公平"，不是"我是民工，我需要得到别人的怜悯"，而是"我爱你""我想跟你做朋友""我能够找到朋友"等之类的言语。我相信，只要我们坚持，我们一定也能听到同样的回应。要知道，尽管我们和城里人存在各种差距，但人心都是一样的。所以，我们说，陌生的环境、熟悉的人情。不信，请你试一试，一定会有意想不到的收获。我们相信，凭着农民骨子里的勤劳、勇敢、热情和敦厚，我们一定能够赢得别人的尊重和友谊。

我是城市二等公民吗

故事一：再也不学苏州话了

我是湖南人，在苏州郊区某木料加工厂打工。大城市里的有些人特别瞧不起咱外地来的打工人员。我们很想同这里的居民保持良好关系，谁也不想总在一个被别人瞧不起的环境中生活。就像苏州人，有些叫法真是令人哭笑不得，不管是北方来的民工，还是南方来的民工，都叫"江北人"，而湖南不是在苏州的南边吗？这个称呼是代表着一种低下的社会地位吧！只要我们一开口，外地口音一出来，这里的人就会露出不屑的神情。为这，我们有些人就学说当地方言，想做个真正的当地人。我现在有一个朋友，他能讲很标准的苏州话，为此他也自豪过。但有时一些知道他原籍的苏州人就会讥讽他："现在倒真的快成苏州人了嘛！"每次他听到这些都会非常痛苦。他现在已经不愿再学苏州话了，这对他是一种耻辱。从这些情况你就可以看出来，为什么我们与当地人的关系这么差。

故事二：究竟是谁的素质差

　　我是安徽巢县人，在上海打工。我在上海差不多已呆了四年，其他大城市也去过几个。凭良心讲，我还是想回老家，在大城市过日子我总觉得不自在。我觉得上海人很排外，对外地来的，尤其是我们这些民工，特别地瞧不起。城里人总觉得我们外地民工脏、乱、傻，没有见过世面，好欺负。记得去年我到一户人家当保姆，我很勤快，事情也做得很好，开始的时候，他们家老人还夸我工作细致。可是，有一天，他们家抽屉里少了几百块钱，硬说是我拿了，我当时真是气得说不出话来，就要求报警。我们再没有文化，也不至于干这种事情呀。后来才知道，原来是他家儿子拿了钱偷偷去打游戏机了，一听说要报警，就老老实实地跟他妈交待了。为了掩人耳目，他们第二天就把我给辞退了。女主人还说："外地人就是手脚不干净，素质就是低，谁知道她下次会不会拿钱呢。"亏他们还是读书人，真不知道是谁的素质低了。我们对遭受这样人格侮辱的事情已经有点司空见惯了。

　　在城市中工作的我们，大多都遇到过类似的情况。

　　在我国，由于农村长期以来经济落后，加之城乡分配不均衡等种种社会原因，城乡差别长期存在，这导致了农村人和城里人在社会地位上的差距。"农业户口"与"非农业户口"的天壤之别是这种差别的真实写照。改革开放后，尽管农村的落后面貌得到了改变，许多农民的收入还超过了城里人，但农村人和城里人社会地位的差距却不是一下子就能改变的。

总起来说，绝大多数城里人都是讲道理的，故事中的上海女主人只是个例。当然，无论在城市还是农村，都会有一些素质较差、势利眼的人。有时，也可能是我们太敏感了，城里人的一些所作所为本来并没有恶意，但由于我们在城市是外来者，我们会认为这是城里人看不起我们，是在讥笑我们。

有的城里人觉得是民工进城抢了他们的饭碗，使他们找不到工作，从而对我们冷眼相对。这其实是一种底气不足的表现。所以，虽然他们歧视我们，却从侧面肯定了我们的能力和价值。

但有的时候，是不是我们自己的一些所作所为让人瞧不起呢？是不是我们自己也在默许这"二等公民"的帽子呢？面对巨大的精神压力，我们中的一部分人采取了消极的生活方式，将自己封闭起来，经常借酒消愁或宣泄滋事。

据浙江省人民医院急诊科统计，近两年来因酒精中毒、打架斗殴受伤的外来民工数量明显上升。翻开报纸、打开电视，关于农民工跳楼、自残、偷盗、抢劫等类似事件的报道并不鲜见。我们中还有一些人，乱丢垃圾、随地吐痰，在公共场所大声喧哗……这些行为，在农村可能关系不大，在城市却是不行的。

在城市，我们处于弱势地位，这是事实。但是，在我们身上，也还有一些不好、不文明的行为和习惯，与城市发展、与社会进步的要求显得不大吻合。我们也要向城里人学技术、学礼仪、学知识，提高自己，将来更好地建设自己美好的家园。一个人是不是城市的二等公民，最终还是由自己所决定。

以前，有个孤儿院的孩子很自卑，常常为自己的身世感到很悲伤，觉得自己是一个一无是处被社会所抛弃的人。于是，有一天，院长给了他一块非常普通的石头，并告诉他无论别人出多高的价格都不要卖。第二天，孩子拿着这块普通的石头到了市场的一个角落开始叫卖。无意中有人想要买了，那个价钱孩子却不卖。随着人群的涌动，石头的价格越出越高，孩子很兴奋。第三天，院长建议他拿着这块石头到黄金市场上去卖，价钱又涨了十倍。第四天，孩子把同样的一块石头带到了珠宝市场去卖，石头的身价又涨了十倍。由于无论出什么样的价格孩子都不卖，这块石头竟然被传为稀世珍宝。

这个故事看起来有点不可思议，但是它告诉我们，石头的价值取决于你认为值多少钱。我们生命的价值就像这块石头一样，也同样取决于你是不是看重你自己。我们农民工为城市作的贡献可真不小，一幢幢高楼，一条条马路，一棵棵大树，一枝枝鲜花，大多是我们农民工的汗水浇灌出来的。如果城市里真的没了我们，恐怕就不能正常运转了。

因此，我们要树立自信心，鼓足勇气，自尊自强。要知道，人与人之间是生来平等的，最重要的是我们自己在精神上无论如何不能自卑，不能颓丧，一定要相信自己的聪明才智，要相信自己有能力改变自己的命运。只要我们相信，自己就是孤儿院孩子手中的那块石头；只要看重自己，自珍自爱，生命就会变得有意义，二等公民的说法就会不攻自破。

用汗水撑起城市的一片天

故事一：亲人不在，我就是他的女儿

我在杭州工作已经有两年了。一次偶然的机会，我得到了这份在医院做护工的工作。虽然工作累了点，睡眠也很少，但我已经很知足了。我每天都要在病床前面伺候老人，晚上还要值班，吃住都在病房，也不用在外面租房子了。

"这几个月多亏张大姐了，又是端屎又是接尿，把我父亲伺候得舒舒服服。"听到雇主对我这样的评价，我真的很高兴。现在城里人工作都很忙，父母老了，特别是生病的时候，常常会顾不上照顾他们，这样让老人感觉很孤单。在子女们不在的时候，我们这些护工就是这些老人的子女了。有些老人对我们也很好，虽然自己生病了，有时候还关心我们的生活，让我很感动，我也就更加体贴、照顾他们了。

我看护过小孩、孕妇，当然最多的还是老人。累是累了点，但咱充当的就是女儿的角色，谁都有老的那一天，谁都有需要帮助的时候，既然自己干了这活，那就得对得起雇主的信任。

故事二：我们首先想到的就是保安

白克辛，太原某保安服务公司队员。将近午夜，一天的工作就要结束，白克辛突然接到了一个电话，说某歌城有六个醉醺醺的青年男子要强行带走一名女服务员。情况紧急，白克辛一边通知身边的几个保安，一边向事发地跑去。

歌城门口，几个醉汉正拽着一名女服务员往外拖。白克辛大吼一声："放开她！"同时迅速拦在女服务员的身前说："我是保安。"几个醉汉顿时愣住了，但看到只有白克辛一人，便又猖狂地喊道："保安怎么啦？快滚开。"白克辛一边护着女服务员，一边劝他们离开，不然就报警。这时，一个醉汉突然从腰间抽出一把尖刀来，向白克辛的腿部猛刺过去，顿时，鲜血染红了棉裤，但白克辛顾不得疼痛，指挥大家全力抓捕，直到把一个醉汉摁倒在地上，他才去了医院。

被救的女服务员说："要不是保安，我那天晚上还真不知会怎么样呢！"而报案的另一名女服务员说："平时，只要有什么事情发生，我们首先想到的就是保安。"

"我们首先想到的就是保安"这句话生动地道出了外来务工者在岗位上的价值。上文中的张大姐和保安，他们可能没有什么文化，但是，他们给了雇主一份安全感和信任感，在自己的岗位上充分体现了自我价值。

在打工路上，还有很多人为我们写下了一篇篇惊天地、泣鬼神的惊天之作。在温州打工的李木匠，为了从火车轮子下面救孩子，献出了自己年轻的生命；魏青刚一次次跃入巨浪洪波中抢救落水的女青年……这些事迹告诉我们，虽然是民工，但我们完全可以书写自己的价值。

从前，有个演说家在一次讨论会上拿出一张 100 元的钞票，对着开会的两百多个人问："谁要这 100 元钱？"一只只手都举了起来。

演说家说："我想把这 100 元钱送给你们其中的一个人，但是，在这之前，请允许我做一件事情。"

说着，演说家把这 100 元的钞票揉成了一团，问："现在还有谁想要？"又有人举起手来。

演说家继续把那张钞票扔在地上，并用脚踩了几下，问："现在还有没有人想要？"过了一会儿，还是有人举起了手。演说家说："这张 100 元钱，无论我怎么对待它，你们还是有人想要，因为它本身并没有贬值。"

在打工路上，我们不止一次地遇到各种各样的挫折和困难，就像这张 100 元的人民币一样。但是，我们仍然是我们自己，我们并没有因为一点失败而贬值，也不因为我们是城市中的一名打工仔而自暴自弃，并不因为我们现在收入微薄而倒下，我们的价值来自我们自己。

因此，让我们每一个人都做那张 100 元的钞票吧，虽然遭受挫折，但价值仍在，我们用辛勤的汗水撑起了城市的一片天。

第二章　做幸福生活的主人

民工也可以拥有幸福

故事一：民工邹福元的幸福生活

邹福元，50 岁，四川省南充市某村农民，现在在南方某城建工地打工。打工几年，他最大的感受就是："干活累，怕啥？能按时领到工资，就是我最大的幸福。"

邹福元家里有四口人，46 岁的妻子与 20 岁的女儿在家里种地，他与 17 岁的儿子邹建川一起在这个建筑工地做小工。

一家四口在家里种地，除了口粮，农作物能卖出 3 000 多元。他与儿子在这里打工一个月能挣到 1 500 多元，打工比种地强多了。出来打工最怕的是拿不到薪水。现在广东珠三角缺工，报纸、电视报道了这方面的事，老板对工人也友好了许多。他感到时下打工的日子过得很不错。按月拿到工资的那一刻，他觉得挺幸福的，拿到工资后的第一件事就是给家里寄钱。

　　新年里，他最大的感触是：打工能让家庭更快地富裕起来，年轻人更应出来闯世界。

故事二：一对"贫贱"夫妻的幸福生活

　　夫妻俩是到城市谋生的民工，没什么手艺，每天给居民送煤球，早出晚归，生活异常艰辛。

　　送完煤球，太阳正下山。他们满脸乌黑，只有牙齿是白的。他们坐下来，丈夫用脏兮兮的毛巾擦汗，妻子默默地走开了。过了一会儿，妻子拿着一瓶纯净水，打开瓶盖递给丈夫。

　　丈夫埋怨说："老贵，买它做啥？"

　　妻子说："咋？城里人能喝，俺也能喝！"

　　丈夫不喝，递给妻子；妻子抿了一小口，又递还给丈夫。两人一小口一小口抿着，一瓶水喝完了。

　　丈夫站起来，说："坐车上，俺拉你！"

　　妻子说："算啦，累一天了。你拉，俺推。"

　　丈夫说："让你坐你就坐，咋这啰嗦哩。"

　　妻子坐车上，丈夫拉着。夕阳西下，给妻子脸上涂了一层红光。幸福已经明白无误地洋溢在他们沾满煤灰的脸上。

　　什么是幸福？整天忙于应酬的高官们幸福吗？整天忙于算计的商人们幸福吗？在建筑工地上忙碌的民工们幸福吗？一时间还真不好回答。

　　那么，什么样的人才是幸福的呢？可能有的人会认为，有钱的人是最幸福的。但是，有调查数据表明，每年自杀的人中有很大一部分是有钱人。

在中国，某知名媒体通过对居民幸福指数的调查发现，并不是钱越多人就越感到幸福，也就是说，其实金钱与人是否感到幸福并没有太大的关系。可能会有人认为，当官是最幸福的。其实不然，有人把官看作是脖子上的项圈，官位越高，就套得越紧。在官场上，说话做事都得小心翼翼，幸福指数实在难说。俗话说无官一身轻，老百姓的幸福才是实实在在的。

幸福是一种心理感受，幸福感是一种积极向上的人生体验。对于生活在饥荒年代的人来说，吃得饱穿得暖就是最大的幸福。对于我们现代人来说，只要体验到快乐就是幸福。

两名初次到北京来做客的农民工子女，都在新家痛快地洗了一个澡，两个孩子都觉得能在恒温的热水下洗澡是一件非常幸福的事情。"能在热水下洗澡，真幸福。"两个孩子发出了由衷的感叹，脸上满是幸福的笑容。而在城市中长大的孩子就体验不到这样的幸福和快乐。

人人都有享受幸福的权利。进城打工的农民工，可能你们的生活条件比城里人差，可能你们的穿着比他们朴素，但是，你们有权利享受自己的幸福。

俗话说，知足常乐。容易满足的人是最幸福的。与比自己更加幸福的人相比较，会降低自己的幸福感，而与比自己更加不幸福的人比较，则会提高自己的幸福感。

每个人都可以拥有幸福。不管你是谁，不管你从事的是什么职业，只要你能够经常让自己感到满足，那就是一个幸福的人。试着给自己制订一些具体的小目标，并努力去实现它们。一个个小目标实现的过程，就是你获得满足、体会幸福的过程。

工作着是快乐的

故事：劳动着，快乐着

小张高考落榜，非常失落。倔强的他不顾家人的反对，选择了打工。在他的家乡，下井挖煤是当地一些老百姓谋生的渠道之一。每天一早，他就和其他成年人一道，背着筐下井了。从地面到产煤的井下有三四公里，每次最多只能背 45 公斤煤。在潮湿、阴冷的井下匍匐往返 20 多趟，背 1 000 公斤可挣 6 元，而他一天顶多只能挣六七元。

在井下工作了几个月后，小张在亲人的劝说下来到昭通。在昭通，他先后干过装潢，卖过汽车配件。期间，也有过两次自己创业的经历，但均以失败而告终。一次是开了一个羊肉米线馆，另一次是开了一个网吧。

现在，小张是人寿保险公司的一名骨干。

他对现在的工作很满意，虽然工作的压力很大，通宵工作是常有的事情，但感觉生活很充实。对于以前所做的工作，他也从来没有抱怨过。记得在运煤的过程中，在阴暗的井下匍匐的时候，前后的两个人之间也可以说说笑笑，并没有感到特别的难受。并且，正是以前那些工作为自己奠定了吃苦耐劳的品格基础。

小张觉得工作着的人才是快乐的，对于一个从农村出来的打工者而言，韧性相当重要。面对一万次打击，

要有一万次站起来的信心和勇气。帮助自己成功的只有
不懈的努力和适时的机遇。

只有工作才能创造快乐，只有工作才能造就成功。作为一名
在城市中举目无亲的打工仔，很多时候工作就是唯一的生活方式。
但是我们中的有些人对自己的工作不是十分满意，甚至有些人为
了摆脱贫穷，走上了邪路，这一方面是因为工作确实很累，压力
很大，而另一方面，是否也可以从自己的心态出发来找找原因呢？
小张从一名采煤的工人到建筑装潢工再到人寿保险公司的骨
干，他的工作也是充满了压力，也要付出很多的心血，但是，他
接受了，并把采煤的那段经历看作是自己一生中很大的财富。塞
翁失马，焉知非福。现在从事的累活、脏活，它们可能会成为你
以后成功的积淀。要知道，工作也是生活，工作着所以快乐着。
现在的你，可能真的盼望不需要工作的日子，但不知道你想过没
有，不需要工作的生活并不像你认为的那样美好，有时反倒像在
地狱。

有这样一个故事：从前有个人死后，在去阎罗殿的路上，遇
见了一座金碧辉煌的宫殿。宫殿的主人请他留下来居住。这个人
说："我在人世间辛辛苦苦忙碌了一辈子，现在只想吃和睡，我
讨厌工作。"

宫殿主人说道："如果是这样，那么世界上就再也没有人比
你更适合这里的生活了。我这里有山珍海味，你想吃什么就吃什
么；我这里有舒服的床铺，你想睡多久就睡多久，而且没有事情
让你做。"

于是，这个人就住了下来。

开始的时候，这个人每天吃了睡，睡了吃，觉得很舒服。渐渐地，他觉得有点寂寞和空虚起来。于是他就去找宫殿的主人，抱怨道："这样每天吃吃睡睡的日子过得真无聊，我对这样的生活一点兴趣也没有，你可以给我找份工作么？"

宫殿的主人说："我们这里没有工作。"

又过了几天，这个人实在忍不住了，又去找宫殿的主人："这样的日子我实在受不了，如果你不给我找工作，我宁可下地狱。"

宫殿的主人轻蔑地笑道："你以为这里是天堂么？这里本来就是地狱。"

没有谁比那些无所事事的人更无聊了，因为他们找不到快乐的感觉。只有工作才能找到快乐，让我们在工作中体会快乐吧。

把苦活变成快乐的游戏

故事：卖鱼是一场快乐的游戏

卖鱼是一件苦差事。当人家还在梦乡的时候，我就要到鱼贩子那里把鱼买来，早早地到市场的摊位中放置好。该冰上的要冰上，为了使鱼新鲜，还要做好保鲜措施。等到天亮了，人们来到市场后，又要扯开嗓子叫卖，可谓是一件苦力活。但是，在这个农贸市场里，你却可以看到另一番景象。我们有时候把一些鱼干挂在栏杆上，在鱼干的标签上写上别致的名称，如"灰姑娘""嫦娥"等，给这些鱼干一个美妙的称呼。等卖掉一条鱼，就大叫一声"灰姑娘出嫁啦！""嫦娥奔月去了！"

等。这样一来，本来无聊、乏味的苦活儿就变成了快乐的游戏。我以前在卖鱼的时候，总感觉到心里很烦，卖不出去的时候，心里更是急得慌。如今，卖鱼已经成了一场快乐的游戏。只要遵守游戏规则，在卖鱼的过程中就能得到快乐！

故事中的鱼贩子居然把卖鱼变成了游戏，使活儿变得快乐无比，这真是让人拍案叫绝。其实，只要喜欢自己的工作，那些看起来繁重的体力活儿就会变成快乐的游戏。

有些民工朋友来到城市之后，总是抱怨工作太苦了。是啊，我们中有些人刚从高中或者初中毕业，从学校的环境一下子到了社会的大熔炉中，真觉得不适应。有些人，很习惯农村中繁重的体力活，却不习惯城市里的工作。但人总要学着自己长大，总要在不断地对环境更好的适应中成长。我们需要完成从学校到社会、从农村到城市的两次改变。一个人要独自面对繁重的工作、复杂的社会关系的确不是一件容易的事。于是，有些人开始埋怨社会的不公平，埋怨自己的家庭，埋怨很多东西，甚至埋怨自己，但一味地埋怨并不能改变你的现状，反而使你对生活的看法变得更消极，感觉苦力活更苦。

我的情绪我做主

故事：我总是控制不住自己的情绪

我是湖北来北京的打工妹，在一家小吃店里做服务员。做服务员期间，我总感觉自己不应该只是一个服务员，自己平时工作非常认真，但是，到头来还只是一个整天遭人指手画脚的小小服务员。我很不甘心，总觉得别人在跟我过不去，并常常感到心烦意乱，在顾客点菜的时候，也没好气儿地跟他们说话，上菜的时候，有几次因为放碟子的声音响了一点而遭到老板娘的责骂。我不知道自己这是怎么了，总是控制不住自己的情绪。

造成情绪失控的根本原因到底是什么呢？人的情绪不是由于外界的事件引发的，而是由于人对事情的不合理的认知和信念所引起的。人的信念有两种：一种是合理的信念；另一种是不合理的信念。合理的信念会产生正常的积极的情绪，不合理的信念就会产生不正常的消极的情绪。

不合理的信念在我们平常的生活中常常可以见到，如为什么同样是人，城市里的人就可以享受比我们多的政策的照顾；我很优秀，而且也很努力，为什么就是找不到好的工作，老天真是不公平；我觉得人家都在疏远我，可我还傻乎乎地对他们好等。

故事中的打工妹就存在着不合理的信念。她觉得自己不应该只是一名小小的服务员，她理想中的自己跟现实中的自己产生了差距，并且认为这种差距都是别人给予的，是因为别人与自己过不去，才没有得到晋升，并且把这种情绪带到了工作上，以不合适的方式表示自己的不满。这种恶性循环，对我们的工作和生活都是不利的。

由此可见，坏情绪大多是由于我们自己对事件的看法造成的。要拥有一个好的情绪其实很简单，就是把事情都看得美好一点。我们控制了自己对世界的看法，也就控制了我们的情绪。

人总是会遇到情绪消极的时候，除了改变自己的想法外，有时候感觉控制不住自己了，还可以采取一些行动来改变自己。在这个时候，我们可以找一些破旧的书写纸，在每张纸上写上你此时此刻的情绪，并写上你烦恼的原因，如"生气——被工友嘲笑"，然后把它揉成一团，一边把纸团丢进垃圾桶，一边说："把生气扔进垃圾桶了。"这个方法看似简单，甚至有点幼稚，但是，如果你真的做了，你会发现妙处无穷。

管住自己的拳头

故事：管不住自己的菜刀

李龙是重庆市潼南县人，打工期间曾为"包工头"洪正龙做工。洪正龙欠下李龙等人工钱450元，其中欠李龙45元。李龙等人曾多次索要，都没有结果。9月份，李龙再次打电话向洪正龙讨要工钱，洪正龙答应当天下午6点后见面付钱，但最终还是没有兑现，李龙和其他民工只好各自回家。当晚10时许，李龙从自家所住的出租房内拿了一把菜刀，来到洪正龙住处，谁知只有洪正龙年仅16岁的儿子洪鑫堂在家。见其父不在，李龙便拿出菜刀抓住洪鑫堂的头发乱砍数十刀，直至洪鑫堂倒地不动后才离开现场。李龙一审被判处无期徒刑，剥夺政治权利终身。

　　大量的统计资料和事例表明，在民工朋友中间，许多人因为管不住自己的"拳头"而害人害己。以上故事中的主人公李龙就是因为管不住自己的"拳头"而产生了极端的行为，这些行为让他走上了犯罪的道路，也给他的亲人、朋友带来了永久的悲痛。

　　为什么有这么多的民工兄弟控制不了自己？这些悲剧是怎样发生的？

　　每个人都会碰到这样的情况：有时候，当我们遇到不公平待遇的时候，真的想操把刀把那个人给杀了。但是，我们一般都能够克制自己，不让自己做出没有理智的事情来。

　　确实，人的怒气上来的时候，可能会难以控制，但是，这段时间会非常短暂，可能只有几分钟。如果这段时间能克制住自己，等过一段时间再来处理事情，你就会发现，自己能够处理得更加合理一点。

　　注意一下发怒的人，你会发现，在日常生活中怒气有几种去路：第一种是把怒气压在心里，生闷气。这种人发怒的时候，青筋暴跳，涨红了脸，咬牙切齿，浑身颤抖，但没有攻击行为。第二种行为是把怒气发在自己身上，如打自己两个耳光，自己咒骂自己，甚至选择自杀。第三种是无意识地报复。也就是我们平时所说的找"出气筒"发泄。最过激的行为就是我们刚才看到的大打出手，用很强烈的形式把怒气发泄出去，但是这些行为常常因过激而导致犯罪。当然，还有一种出路就是向亲朋好友倾诉，转移自己的注意力以抵消怒气。你可以问一下自己，你一般会采用什么方法来发泄自己的怒气？

　　愤怒是一种很正常的情绪，它本身不是什么问题，但如何表达愤怒则是问题。对大多数打工者来说，碰到愤怒的机会很多，有时碰到黑心老板恨不得千刀万剐，但是，当你要发怒的时候，请暂时按住怒气，闭上眼睛，从一数到十，这时候，你会发现，你的怒气消失了一部分，然后再理智地思考问题的解决方法。

启动生命的安全阀

故事：因为压力，他走上了绝路

黄某，今年45岁，在某公司做工人。近几天，公司换了一个老板，对员工的要求非常严格，车间主任也换成了新老板的亲信。黄某的年龄有点大了，手脚多少有点不灵活，车间主任却经常盯着他，让他感觉每天都如坐针毡。终于有一天，他受不了这样的压力，回到家以后，服农药自杀了。

压力，可怕的字眼，因为它，许多人生活不自在；因为它，很多人做出了出格的举动；也因为它，让很多人走向了自杀的深渊。

压力是无处不在的，不仅仅我们民工朋友会有，大公司的总裁有压力么？当然有，他要面临更加激烈的同等规模公司的挑战；公司的员工、经理，他们有压力么？当然有，他们每天要面对上司，面对业绩，压力何其大也！

可能会有人说，要是没有压力那该多好呀！我们来设想一下，如果没有压力，那么，人工作就松松垮垮，甚至不工作；也不生产产品了，也不读书了，这样的社会是多么可怕呀！如果没有压力，也可能我们到了现在还是原始社会。所以，压力的存在是社会进步所必需的，也是必然的。

面对生活及挣钱的压力，你可以跟工友随意地聊天，也可以找朋友或亲人倾诉；可以找一个没人的地方大喊几声，也可以在劳动中缓解压力；还有一种面对压力的方法，那就是哭泣。可能有些人认为，哭是懦弱的表现，但是，很少有人知道，眼泪可以减轻甚至消除人们的压抑情绪。哭可以增大肺活量，活动眼球，缓解情绪。所以，当你感到情绪压抑的时候，你就尽量地哭吧！

民工朋友们，在你们面对压力的时候，请启动你们生命的安全阀，每个人都可以借助这个安全阀，使自己的压力得到缓解。

休闲滋养生命

故事：我们也要打太极拳

在某地的一座广场上，很多人在那里打太极拳。如果仔细看一看，则你会发现，那里打太极拳的除了老头老太以外，还有一群穿着朴素的民工。不要笑，民工也可以打太极拳，而且民工也需要打太极拳。看看他们，一个个眼观鼻，鼻观心，身体如定在地上一样，迟缓地移动，举手投足之间散发着中国武术的精气、力量，俨然是一群修炼有素的顶尖高手。

太极民工的出现，说明了我们民工休闲意识的觉醒。但是，我们中的绝大多数民工却并不会想到去打太极拳。

我们也想休闲，能够好好休息一番，但是因为种种原因，我们很多人的休闲时间都给了一些低级趣味的东西，如赌博、看黄色录像等。这些人的所谓休闲活动不仅起不到休息的目的，而且影响休息，严重的甚至使人走上犯罪的道路。

合理的、好的休闲生活，能够让我们很快地从疲劳中恢复过来，能够带给我们更高的工作效率。有一个公式是"7+1>8"，这个公式的意思是说 7 个小时工作加上 1 个小时的休闲，效率要高于 8 个小时的连续工作。农民工朋友进城工作很大程度上是为了赚钱，但是也要讲究工作效率，工作过程中休息一段时间可以提高我们的工作效率，可以事半功倍。在连续工作几天后，休息或放松一天，去感受生活的美丽，可以让我们精力充沛，活力四射。

现在，能够给我们民工提供的娱乐场所太少了。别看大街上电影院、剧场有多气派，这些地方一进去，一个月的工资可就泡汤了。另外我们很多人不愿意也没有时间到那些晨练的地方去，早上一睁开眼睛，匆匆洗刷一番，就要上工了，哪来的这个闲工夫？晚上即使有点空，工作了一天，也很累了，人都不想动了。再说，那些晨练的人都是一些城市里的退休老人，他们有自己的生活圈子，我们也未必挤得进去。

其实，许多有益的休闲活动并不需要多么完备的设备，也不需要花多少钱。平时我们每天工作得腰酸背痛，如果空下来，可以找几个志同道合的工友一起来策划和享受难得的一天的休闲时光，我们可以去看看花，看看草，赏赏春光；可以听听收音机，享受电波带来的快乐；也可以三五成群地一起去逛逛街，轧轧马路，看看城市的风景等；可以找几本杂志、报纸啃啃，从中寻找快乐；也可以和远方的家人通通电话，汇报自己近来的情况，向家里的老父老母问个好，享受电话那头传来的浓浓情意。

当然，还可以利用休闲时间来学习，提高和充实自己。很多民工之所以成功，是因为他们安排好了自己的空闲时间。

第三章　做职场发展的主人

在城里工作，与在农村务农、务工有许多不同，这给不少人造成了困惑，感到难以适应新的工作程序和规则。有的甚至抱怨城里的老板、职工哪有那么多条条框框。其实，各行有各行的规矩，在公司、工厂工作，就必须了解其中的工作规程。你必须在思想上重视，善于观察，善于学习，才能成为一名合格的职工，也才能维护自己的权益。

新手上班必读

当农民工朋友初到一家公司工作时，首先必须了解公司内部的组织。例如，公司分有哪些部门，哪些处或哪些科等，并应该知道每个部门所负责的工作职责，除此之外，你还要了解公司的经营方针以及公司的工作方法。一旦对整个公司有了全面认识后，对你日后的工作将大有帮助。

尽快学习业务知识。你必须有丰富的知识和技能，才能完成上司交代的工作。这些知识与学校所学的有所不同，学校中所学的是书本上的死知识，而工作所需要的是实践经验。

在预定时间内完成工作。一项工作从开始到完成，必定有预定的时间，而你必须在这个时间内将它完成，绝不可借故拖延，如果你能提前完成，那再好不过。

工作时间内避免闲聊。工作中的闲聊，不但影响你个人的工作进度，同时也会影响其他同事的工作情绪，甚至妨碍工作场所的安宁，招来上司的责备，所以工作时绝对不要闲聊。

执行任务时要注意以下几点：

（1）上司所指示的事务中，有些事件不需要立刻完成，这时应该从重要的事情着手，但是，要先将应做的——记下来，以免遗忘。

（2）若无法暂停正在进行的工作，以完成上司临时交给的事时，应该立即提出，以免误事。

（3）外出收款、取文件或购物时，要问清金额、物品数量等重要细节，然后再去。

（4）未充分了解上司所交代的事情前，一定要问清楚后再进行，绝不可自作主张。

（5）外出办事时，应负起责任，迅速完成，不可借机办私事。

如何做一名合格的员工

在就业竞争异常激烈的今天，找到一份工作固然不容易，要保住一份工作则更难，不少农民工朋友费了九牛二虎之力，好不容易在城里找到一份工作，可是没有多久又失去了。究其原因大都是因为没有成为合格的员工。那么怎样才能做一名合格的员工呢？下列几点可能会对你有帮助：

(1) 工作要认真负责。这是成为一名合格员工的首要条件。对于自己的本职工作一定要力求完美、尽职尽责，不能马马虎虎、随随便便、应付了事。

(2) 要有强烈的上进心。仅仅满足于把自己分内的事情做好是不够的，应该有更高的追求和更远大的理想。如果一个人没有上进心，不思进取，在竞争中就会处于劣势，最终被淘汰。

(3) 积极参加本职工作以外的活动。在做好本职工作的基础上，要积极参加单位的其他活动，包括公益劳动、文艺活动、志愿服务等。这些活动不仅体现一个人的思想素养和对生活的态度，也给周围的其他人带来愉快和欢乐，赢得其他员工的好感和赏识。

(4) 不做不受欢迎的人。实践证明下列 5 种人不受用人单位欢迎：傲慢的人，缺乏自信的人，感情用事的人，唯唯诺诺的人，虚伪的人。如果你身上或多或少地有这些毛病，就要努力改掉它。

(5) 正确处理与他人的关系。在工作上，尽量不要因为自己的利益得失而与其他同事斤斤计较；不要随便议论别人；与同事一起合作时，遇到观点不同时，应当面提出建设性的意见，尽可能不否定对方；与同事要友好相处，但不能搞小团体。

(6) 正确处理与上司的关系。处理好同上司的关系是门艺术，重要的是要学会不卑不亢，"不卑不亢"就是对上司不能一味地逢迎，要勇于坚持自己的见解，但不固执。当自己的利益明显受到伤害时，要敢于说"不"。在上司的眼里，你应该是个有思想、有见解、善解人意的人。

务工人员应学会独当一面

在工作上能够独当一面，上司才能相信你的能力。

单位里有那么多的工作琐事，上司不可能事事过问。他只在宏观上把握全局，而具体的每一部分工作都由下属分工负责。这种工作的独立性使得你必须有独当一面的能力才行，这是务工朋友在单位立足和升迁的必备素质。如果你能在某个方面有一技之长，上司觉得这方面离开你不行，这样在上司心目中才会有你的位置。如果你没有这种能力，不仅不能让上司省心，还会成为上司的包袱。当你真的成了包袱的时候，也就是你被炒鱿鱼的时候。

那么怎样才能使自己独当一面呢？

首先，要有自己独到的眼光。上司在作决定时，肯定需要下属出一些新招和"点子"。这些"点子"即使不一定被采用，也能给上司思考问题和做出正确决策提供一个新的思路。

其次，做同事所不能做的事。当有些事情上司和同事都感到棘手时，假如你能从容镇定地把问题解决，上司一定会对你刮目相看，所谓"危难时刻方显英雄本色"嘛。

最后，把同事不愿做的小事揽下来。单位里有许多不起眼的小事被大家所忽略，如勤杂工请假了，办公室或其他工作场地没人打扫；单位新买了一些桌、椅要搬上楼等。聪明的人应该善于利用这些小事，在你完成分内工作的前提下，把这些小事承担起来。当然，在上司看来，这种事情没有什么可嘉奖的，但时间长了，你勤快、本分、实在、不讲报酬、能吃苦、工作扎实的作风，自然会潜移默化地让上司对你充满好感。

"提醒"老板给你加薪

或许你在一家公司务工一两年了，但你的薪水并没有跟着资历的增加而水涨船高；或许在某项工作中你付出了比别人更多的心血，结果只换来不成比例的报酬，而那些贡献显然不如你的同事的报酬却比你多得多，这时你一定会心有不甘，希望老板提高你的薪水，但又不知怎么说。以下是几个"提醒"老板为你加薪的常见办法。

单刀直入法。遇到讲道理的老板，他很欢迎你跟他有话就说、实话实说，因为这有助于实现与员工的有效沟通，从而降低管理风险。要注意的一点是，你一定要有充分的理由来证明自己值得加薪。如果你真的行，那就不妨大声说出来，但如果你只是想当然，那么你最好还是不要去冒这个险，否则，难免要碰个大钉子，还给老板留下一个"干活不灵光，要钱不含糊"的不好印象。

行动攻心法。有的领导并不习惯那种直来直去、张口谈钱的做法，他们更相信"说得好不如做得好"。对于这样的老板，你自然要用行动来打动老板的心了。这种办法的好处是务工朋友不必花过多心思在工作之外，只要勤勉做事，就能赢得领导的"芳心"。

以退为进法。任何一个聪明的老板都明白，为优秀的员工多花一点钱是值得的，但老板毕竟是老板，在员工身上花的成本越低，他得到的利润就越高。所以如果你不给他敲敲边鼓，他也就

"能糊涂时,且糊涂"了。记住,你必须是有资格给老板敲这个边鼓的人,否则,可能收到适得其反的效果。

另外,本着"拿多少钱,办多少事"的原则,在你打算向老板要求更多薪水的同时,最好先掂量自己够不够分量,有没有能力承担今后更沉重的工作压力。

向上司提建议要慎重

向上司提建议有很大的学问,务工朋友一定要学会选择时机,切忌在上司心情很坏的时候或用不妥的方法提出。

大多数上司虽然谈不上日理万机,但也非常忙碌,有时还有许多烦恼缠绕着他。当他心情好的时候,有些建议尽管不太中听,他还是能接受的;如果他工作没做好或者家中有什么不快的事,他正憋着一肚子火无处发泄,你这时提建议,特别是刺耳的话,那就正好撞在枪口上了。即使你的建议好得让他不能不采纳,但他也不会记着你的功,反而会因为你当时戳着他的痛处而记恨你,甚至找机会给你点颜色看看。

如果建议对公司有益,最好在开会时提出,但切忌批评上司。你想提出与上司不同的意见,可以在私下里单独向上司提,因为别人听不到,加上你的态度谦虚诚恳,上司肯定会慎重考虑。

怎样正确对待上司的批评

务工朋友在上班期间,或者由于自身工作疏忽,或者受上司情绪的影响，难免受到上司的批评，在怎样正确对待上司的批评时，应把握以下几条原则：

（1）认真对待批评。上司一旦批评人，就有一个权威问题和尊严问题。如果你把批评当耳边风，我行我素，其效果也许比当面顶撞更糟，因为你的眼里没有上司，让上司面子尽失。因此，必须虚心接受批评，认真对待。

（2）对批评不要不服气和满腹牢骚。批评有批评的道理，即使错误的批评也有其可接受的地方。聪明的下属应该学会"利用"批评，上司对你错误的批评，只要你处理得当，有时会变成有利因素。但是，如果你不服气，发牢骚，那么这种做法产生的负效应将会让你的感情距离拉大，关系恶化。

（3）切勿当面顶撞。当然，公开场合受到不公正的批评，不应该的指责，会给自己难堪。你可以一方面私下耐心作些解释，另一方面，用行动证明自己，当面顶撞是最不明智的做法。既然你都觉得自己下不了台，那反过来想想，如果你当面顶撞了上司，上司同样下不了台。如果你能在上司发其威风时给足他面子，起码能说明你大气、大度、理智、成熟。只要上司不是存心找你的茬，冷静下来他一定会反思，你的表现一定会给他留下深刻而难以磨灭的印象，他的心里一定会有歉疚之情。

（4）不要把批评看得太重。一两次受到批评并不代表自己就没前途了，更没必要觉得一切都完了。如果受到一两次批评你就一蹶不振，打不起精神，这样会让上司看不起你，今后他也就不会再信任和提拔你了。

（5）受到批评时不要过多解释。受到上级批评时，反复纠缠、争辩是没有必要的。那么，确有冤情，确有误解怎么办？可找一两次机会表白，但应点到为止。即使上司没有为你"平反昭雪"，也用不着纠缠不休。这种斤斤计较型的部下，是很让上司头疼的。如果你的目的仅仅是为了不受批评，当然可以"寸土必争"、"寸理不让"。可是，一个把上司搞得筋疲力尽的人，又谈何晋升呢？

容易被同事出卖的几种人

不要以为平日同事对你照顾有加，就可以不顾一切为他掏心掏肺，"害人之心不可有，防人之心不可无！"要避免被出卖，就要留意有心同事的乘虚而入。

你具有容易被出卖的特点吗？五个避免被出卖的自我检验招式，要你提高警觉。

（1）对和你有相同背景的人特别好。你常不自觉地对同乡、同姓或同样成长历程的人特别有好感，这可能会让你产生偏执而附和对方，却反遭利用。

（2）个性懦弱、优柔寡断。对于许多决策犹豫不决，遇到事情缺乏面对的魄力，这种个性想不被利用也难。

（3）同事拜托的事不便拒绝。不善于说"不"的好好先生，替人做事还向人道谢，注定要被人出卖。

（4）总觉得自己的朋友很多。这种类型的人，平时和每个同事都极为热情，有事时却找不到人帮忙，交友广泛却欠互动，被人利用的机会就较多。

（5）热心快肠却是非不明。你极为热心公共事务，却常忽略潜在的危机，要避免盲目的热情。

10 种老板不可追随

对于务工朋友来说，都有被老板挑来选去的经历，如果能了解各种不可追随的老板，想必可少受些窝囊气，下面的几种老板属于不可追随之列。

（1）没有成功经验的老板。如果你的老板经常沾沾自喜地说："我经历过的事情太多了，像我这样垮下去又能站起来的人毕竟不多，我有我的独到之处。"这时你就应该怀疑自己的老板了，如果不是他有某些重大的缺点，他不会总是经历失败，一个没有成功经验的老板，怎么能肯定下次一定会成功，除非他有吉人天相的"帮人命"。

（2）事必躬亲的老板。如果你的老板常说"每一件事，我不经手就一定会出差错"并自以为豪的话，你就应该想到，这位老板肯定留不住人才。老板不问大小事都要亲自参与，他怎么能期待下属独立工作？特别是在事必躬亲的老板不在场的时候，无法独立的下属出错的机会就更多。一位有创意、具备独立工作能力的人，绝不希望这样的老板常在身边。

（3）朝令夕改的老板。这样的老板可能在不断给你新指示，你花费许多时间酝酿的一个计划，可能因为他一句话而宣布作废。这样公司上下天天都会很忙，但大家忙的却是收拾残局、挖东墙补西墙的工作。

（4）喜新厌旧的老板。每个公司都会有几位"开国元老"，时间长了你会发现这类"国宝级"的员工，在江山稳定之后却被"杯酒释兵权"了，这类公司通常员工流动率极高。这类老板不能客观地评估员工的绩效，即使你做好了 99 件事，但第 100 件事搞砸了，就很难在老板面前再有翻身的机会。

（5）感情生活复杂的老板。工作不能掺杂风流韵事是一条铁律，而这类老板往往将最宝贵的时间都耗费在感情纠纷上。他喜欢雇用年轻漂亮的女员工，也喜欢用感情处理人际关系；他终日拈花惹草，绯闻不断，只要有女人在场，他就头脑发晕。这类人当然也无法冷静地经营企业。

（6）鱼与熊掌都想兼得的老板。既要马儿跑，又要马儿不吃草，这种老板只能称为不知何所取，也不知何所舍的人。鱼与熊掌都想得的老板，通常是两者都得不到，或许常常因小而失大。成功的老板应该懂得什么是放长线钓大鱼，想捉鸡又不想蚀把米的老板，到最后一定是两手空空。

（7）多疑的老板。这样的老板所持的观念是人治胜过法治，这类公司通常没有上轨道的制度。如果你是一个部门主管，你经常会在非工作时间接到老板的电话；如果你是基层员工，他也经常会对你表示不痛不痒的关切。跟着这样的老板工作，心理负担之重可想而知。更可怕的是，下属经常有无处可申的不白之冤。

（8）言行不一的老板。这类老板最常说的一句话就是："赚这么多钱对我并没有什么意义。"实际上，企业发展的最重要任务之一就是追求利润，利润是公司生存的命脉，又何必自命清高加以否认呢？或许你有可能与这类老板共进午餐，在一盘鸡肉上桌之后，老板会忙着为属下夹菜，到头来细心人会发现，骨头特别多的部位都在员工的盘子里，老板却在津津有味地享用着为他自己保留的鸡大腿。

（9）甜言蜜语的老板。一般来说，老板不可能听到批评还会心花怒放，因为爱听好话和喜欢奉承是人的天性，但如果善意的批评和宝贵的建议也听不进去，并因此影响了员工在公司的发展，则人人都会噤若寒蝉。

（10）心胸狭窄的老板。如果你的老板在看这篇文章时怒火中烧，那就应归为心胸狭窄的老板。

在上述 10 项特质中，如果你的老板具备 3 项以下，你仍可安心工作，但要记着找机会影响他，增加个人含金量；如果你的老板具有 4~6 项特征，你最好多花一点时间充实自己，并随时留意报上的招聘广告；如果你的老板具有 7 项以上的特征，唯一的劝告是：走为上策。

老板最爱炒的 15 种员工

（1）不够稳重沉着。尤其作为刚刚参加工作的务工人员，对突发事件往往措手不及，结果行动常过分急躁，更甚者每次遇事每次如此，给老板留下不可调教的印象。

（2）不够成熟。不能具体地评定工作价值，往往分不清工作的目的是什么，是为了赚钱，还是为了立名，或是为了乐趣，给老板一种整个人浑浑噩噩的感觉。

（3）理论与实际不能配合。喜欢夸夸其谈，一旦需要实际操作时，往往发生许多困难，却又找不出原因何在。

（4）对所犯的错误耿耿于怀。一旦出现失误就无法释怀，更无法从中领悟出正确的方法。

（5）斤斤计较，分不清主次。只看重眼前区区小事，无法透过现象去把握实质，没有主次之分，往往贻误很多机会。

（6）过高评估自己的能力。自信有很好的工作能力，但稍微涉及工作以外的其他方面，就极度缺乏自信心。

（7）考虑问题不够严谨、全面。对工作匆忙做出决定，但朝令夕改，例如，今天要求执行 A 计划，明天却又把 B 计划列为优先。

（8）与周围环境不能相融。总是自己独立执行，不能与同事、领导融洽相处。

（9）遇事犹豫不决。需要独自处理的事情，常常犹豫不决，不能当机立断而影响工作效率。

（10）办事拖沓不守时。让你定时完成的工作，总是找借口拖后，不能按时保质完成，而且几次之后总不见改进。

（11）恃才傲物。自认为在某一方面有别人无法比拟的特长，便对其他任何人视而不见，一副"除我之外谁也不行"的态度。

（12）过分谦虚自认卑微。无论在什么人面前，都有一种自我贬低的倾向，做起事来畏畏缩缩，在领导面前更是觉得自己相形见绌。

（13）缺乏创造力，因循守旧。工作中总是重复同一种方式，缺乏自我独立创造的能力，不能创新。

（14）刚愎自用，固执己见。不能听取别人的建议，自以为是，对别人提出的善意批评也不能接受。

（15）缺乏团队协作精神。有好的建议不与别人分享，缺乏团结互助、相互协作的团队精神。

如果你发现自己工作中已出现了上述三种以上的情况，那么老板炒你的日子也不会太远了。

面临被炒鱿鱼，怎么办

进城务工，面临被炒鱿鱼，既是一件令人伤心的事，又是一件很平常的事。当听到上司告诉自己被开除了，首先向他说谢谢，谢谢他的体贴，当面告诉你这个消息。你也可以表现出难受的样子，让他知道你得到这份工作不容易。其次试探一下情况是否已经到了无可挽回的地步，千万别用直来直去的方式作试探，甚至直接问"最后"的决定是什么，如果这样问了，就可能真的会得到一个"最后"的决定，白白让将要上钩的鱼溜走了。这时你应该争取的是改变或软化上司立即开除你的信念，比如说建议再给你一次机会——给你一个月"最后的试用"的机会。随时注意上司的反应，如果他开始有些犹豫，你就该立即把握机会，你可以动之以情——比如说你目前正急需用钱等，而不应该把主题紧紧环绕在上司、你和工作之间。同时也注意一下，上司是否知道你目前正着手进行一些新的计划，或者你正解决一些棘手且延置很久的问题。

在任何情况下，千万别质疑上司的判断，你应该假定是在非常困难的情况下，做了这个决定，而且你应该尊重这个决定。重点已经不在上司是否应该开除你——因为早已决定，而在于你是否能让上司知道一些他应知道的信息，以重新评估你。你在此刻最需要的，也是你极力争取的是"一个重新评估的机会"，而非仅仅是一个三心二意的回心转意，如果可以，尽量争取利用这段时间，努力争取起死回生的机会，或立刻开始找新的工作。

什么情况下可以换工作

要珍惜每一份工作，因为进城务工实在不容易，但并不是不能换工作，随着社会的发展和用工制度的改革，劳动力的流动和职业的转换已经不是什么新鲜事了，适时地变换工作单位或工作内容是适应城镇生活的重要方面。一般认为，在下列情况下，可以考虑变换工作。

（1）对现有的工作条件、工作环境不适应。当你的工作条件过于恶劣，危险性大，或人际关系过于复杂，对你的身心产生不良的影响，那么就该及时将这份工作辞掉，换一个更适合你的工作。

（2）付出与回报不成比例。当你认真地将你的本职工作做得很出色，却没有拿到相应的报酬，并且这种现状又无法解决时，你应该考虑到另外的单位谋一份待遇合理的工作。

（3）该工作没有前途。如果你现在从事的行业、职业或岗位是个正在衰落的、没有发展前景，或面临倒闭，你不要勉强干下去，而要从这个行业或岗位跳出来，另谋一个有利于自己发展的工作。

（4）违法的工作。如果你发现所做的工作是与国家相关法律、法规相违背的话，就要果断地停止工作，想办法及时脱离这样的工作单位和工作关系，必要的话可以向有关部门举报，请他们帮助你摆脱困境。

（5）素质的变化。许多进城务工的农民朋友在参加工作后，积极主动地学习文化知识，掌握现代科技，迅速提高了自身的素质。原有的简单工作已经不适应自己继续发展的需要，而且又有从事更高级工作的可能，这时就需要转换自己的工作。

（6）个人职业兴趣的变化。在城镇工作、生活过程中，你的知识、技能、兴趣可能会发生变化。当你的兴趣与现在所从事的工作不符时，不妨换一份感兴趣的工作。

（7）年龄的变化。原来可以从事的一些重体力劳动，随着年龄的增长和体质的变化，就会变得越来越不适应，如果勉强做下去会严重影响身体健康。这种情况下也要考虑适时转换工作。

换工作需要注意哪些问题

转换工作不能随心所欲，一定要慎重对待，当你出于某种原因需要换工作时，要注意以下问题：

第一，不能感情用事。不能由着自己的性子，因为一点小事、一点小矛盾就将已经熟悉的工作轻易放弃，那样对自己是个损失。

第二，不能好逸恶劳。任何工作都有其有利的一面，也有其不利的一面。如果只看到现有工作的困难之处，一心想换一份轻松的、待遇高的工作，恐怕永远也不能如愿以偿，其结果往往是既丢了旧工作，又找不到新工作。

第三，不能唯利是图。挣钱，是每个进城务工人员的直接工作目的，但是如果把追求高收入作为转换工作的唯一目标，忽视自身条件和进一步发展的需要，以牺牲自己的长远利益换取眼前暂时的利益，同样是得不偿失。

第四，不能随波逐流。不要因为看到某一行业非常热门，大家纷纷选择这种工作，就随大流、凑热闹。频繁转换职业的结果往往是新技术没学会，原有的知识、技能也被荒废了。

第五，不能好高骛远。换工作前先认真衡量一下自己的能力，看看是不是真的达到可以换一份更好工作的水平，如果自己的能力达不到新工作所要求的水平，就不要轻易转变工作，否则即使得到了新的工作也不能保住这份工作。

第四章　尝试城市新概念生活

城市生活与农村生活不同，农村生活讲究自给自足，而城市则凡事讲究交易，在城市总感觉钱不够用，这除了与你挣得少有关，也与你大手大脚、过度消费有关，在城市适当过紧日子，或讲究科学消费，将钱用在刀刃上，会让自己生活得更好。一句话，钱是挣来的，也是省出来的。

消费心态的调整

在农村或者小城镇里，大家买东西的选择范围相对较小，可是在城市里，同一类型的产品，就可能有很多个牌子，有很多种系列，产品在多个地方售卖，这很容易让大家感觉到选择的困难。在农村或者小城镇里，商品的价格都相对比较便宜，可是城市里的商品一般情况下都会比较贵，高价格常让我们望洋兴叹。当然，更多时候，是城市消费场所所举行的各种促销活动，特别是在节假日或者黄金周之类的时间里，各商场搞的有奖销售、"买一送十"等活动满天飞，低折扣常让人无法控制自己，这样会更让大家感觉到很难进行理智的选择。

很多进城工作的人来到城市以后，都还会像在农村或者小城镇那样，尽量选择那些比较便宜的商品。不过也有人尽管自己的经济条件不是很好，但为了显示自己有能力进行高消费，就去买一些假冒伪劣的产品，以便在别人面前炫耀一下。还有部分进城工作的人突然有了钱之后，就开始大手大脚地花钱，该买、不该买的全都买。凡此种种，都表明这些进城务工人员在消费心态上还不是很成熟，缺乏理智。

上面所提到的都是关于消费心态的问题，无论是很难选择商品，还是买假冒伪劣产品，或者大手大脚花钱，都说明消费心态不是很健康。进城农民工经济条件不是很好，而且还要维持着家里人的生活开支等，因此在消费方面要尽量保持理性的心态，在购买商品之前应该好好思量，如果要购买贵重的商品，就更应该多走走、多看看，在各家商场对比产品的价格和性能后，从中选择最适合自己的商品。在购买衣服或者鞋子这些商品的时候，我们也应该多逛几个地方，尽量选择一些价格适中、款式符合自己职业、身份的着装。

总的来说，进城工作的农民朋友需要对自己的消费进行一定的规划，确定自己的消费水平，调整自己的消费心态。在购买商品的时候要尽可能保持冷静，多做对比，理性地选择自己需要的东西，特别是购买贵重物品的时候，调整消费心态就更加重要。只有保持正确、健康的消费心态，才会使我们的生活更美好。

树立科学的消费观

科学消费，是指符合人的身心健康和全面发展要求，促进社会经济文化发展，追求人与自然和谐进步的消费观念、消费方式、消费结构和消费行为。

树立科学的消费观念是科学消费的前提。科学的消费观念要贯穿到衣、食、用、住、行等与人的生活有关的各种消费中去，这样不仅能够降低自己的消费支出，而且还与国家提倡的"低碳"生活合拍。

树立科学的消费观要理直气壮地反对浪费型消费。科学消费观所指的不但是有支付能力的需求，还应是对人的健康、工作效率的提高有益的需求，而且不能损害其他人和后代人的利益。满足这三个条件的需求应当鼓励，反之，则应当限制甚至禁止。如吸毒、色情服务、赌博等，就要严格禁止；吸烟、喝酒则应通过征收高额税收进行限制。当然，对一般性消费品的需求是否满足上述三个条件很难判断，特别是对资源的耗费和对后代人的影响，即使合理消费也会有一定的影响。因此，我们应当考虑的是提高消费效率和科学消费的问题。

现实生活中不科学的消费现象十分普遍，需要引起大家的关注。如有的人对包装的奢华要求导致大量现代化垃圾产生，既浪费资源，又污染环境；还有不考虑需求的免费供应，如宾馆的一次性用品，商场的包装塑料袋，各种会议的一次性塑料文件袋，许多并非必要的、大量的一次性用品最终都进了垃圾堆；此外还有大量炫耀型消费，有的人举行宴会一定要剩很多菜好像如此才显得热情、大方等，对于上面这些我们都应该坚决反对。

上述不科学的消费现象中，与进城务工人员关系较为密切的主要是炫耀型消费。因为一些进城务工人员虚荣心较强，担心别人看不起自己，加上在农村，请客吃饭都有一些讲究，诸如"七大盘"、"八大碗"，以体现农村人的好客和热情。因此到了城市里，他们还习惯于过去的某些做法，在宴请宾客时，特别热情、大方，准备的菜肴都非常丰盛，然而这却在一定程度上造成了不必要的浪费。可见，树立正确的消费观是十分重要的。

观念指导行动。因此，正确的消费观念对我们的理性购物来说是必不可少的。

第一，提倡适度消费。一些人存在着"别人有的我也一定要有"，"节衣缩食只为满足自己的虚荣心"，"偶像崇拜，只买有偶像做广告的昂贵商品"，"不穿不再流行的衣服和鞋子"，"只买名牌商品"等不正确的消费心理，花钱大手大脚，常常举债度日，这些都是不对的，我们应根据自己的实际情况，适度消费。

第二，反对铺张浪费。有些人为了讲排场、摆阔气不顾自己的实际情况常花了许多不该花的钱，有些人铺张浪费，根本没有节约的观念和意识，这些都不是良好的消费观念，我们要切实转变，反对铺张浪费。

第三，物质消费与精神消费相协调。要树立物质消费和精神消费和谐发展的意识，在物质消费的同时，如能有读书学习、文化娱乐等消费则不仅能使物质消费和精神消费协调起来，而且还能提高消费者的素质，提高消费者的生活品质。

维护消费者权益

在城市里生活，当你在消费过程中，发现自己的权益受到损害的时候，一定要敢于站出来维护自己的权益。近年来国家在对消费者权益的保护上也做了很多工作。"12315"是全国工商行政管理机关的一个关于消费者权益保护，受理消费者申诉举报，调解消费者权益纠纷，查处侵害消费者权益案件和制售假冒伪劣商品等经济违法行为的举报电话。大家在日常生活中，如果自己的合法权益受到侵害，就可以拨打这个电话。下面就是一些如何维护自己消费权益的基本常识。

1. 消费者应有的合法权益

《消费者权益保护法》赋予消费者九项合法权益：

（1）消费者在购买、使用商品和接受服务时享有人身、财产安全不受侵害的权利；

（2）消费者享有知悉其购买、使用的商品或者接受的服务的真实情况的权利；

（3）消费者享有自主选择商品或者服务的权利；

（4）消费者享有公平交易的权利；

（5）消费者因购买、使用商品或接受服务受到人身财产损害的，享有依法获得赔偿的权利；

（6）消费者享有依法成立维护自身合法权益的社会团体的权利；

（7）消费者享有获得有关消费和消费者的权益保护方面的知识的权利；

（8）消费者在购买、使用商品和接受服务时，享有其人格尊严，民族风格习惯得到尊重的权利；

（9）消费者享有对商品和服务以及保护消费者权益工作进行监督的权利。

2. 如何维护自己的权益

首先要了解《消费者权益保护法》，它能够让你了解购买商品的七个原则：①了解基本的消费性能，对食品应了解食品的成分、重量、容量、热量、有害物质含量、是否有禁用物质。②价格、购买条件，以及是否有质量合格证，有效和完全使用的原则和条件。③商品有效期、质量标准以及有效期到期后的注意事项。④制造商、经办人、销售商的地址、维修厂家的地址。⑤对必须附有商品证明书的商品应了解证明书的内容。⑥如果发现所买商品是冒牌货，可以向商店索赔，要求退款。如果商店未尽快做出满意的答复，可以进一步投诉，要求退货和赔偿这段时间的损失。⑦购买商品时，千万记住一点，就是别忘了索要发票，以证实您购买行为的真实性。开发票是对顾客负责的例行手续。知道了购买商品的这几大原则以后，我们在平时的消费过程中就要注意遵守，并积极有效地维护自己的合法权益。

3. 消费者容易忽视的权利

消费索赔这一概念是大力提倡消费者权益保护后才被人们逐渐了解的，但是仍有不少消费者对这一概念并不十分清楚，使得一些消费者本应得到的权利被不自觉地放弃了。这些消费索赔有：①延时服务可以索赔。一般消费者都知道，接受了一个部门或其他类似的服务，延时不付费时会被强行收取滞纳金。比如，未及时交电话费就会被收取滞纳金，甚至可能被停机。但如果我们作为消费者先付了费，却没有按时得到应得的服务，那么我们也可以得到损失赔偿。比如，我们乘坐飞机时航班延误，可以向机场方面请求赔偿。对延时服务的索赔可分为两种：一是事后索赔；一是事中索赔。②耽误使用可以索赔。买了不合格的产品，给消费者造成延误使用的损失，销售方应予以赔偿，但这项权利也常常被消费者所忽视。③免费赠品也可索赔。"买一赠一"之类的行为不是我国民法上纯粹的无偿赠与，而是一种有偿的要约行为。消费者按要求购物，实际上就与商家达成了"买一赠一"的合同，这一合同成立后，商家便有义务提供赠品。这些赠品必须符合国家有关标准，是合格的产品，而不能提供伪劣产品以欺骗消费者。现实生活中，很多商家都规定，免费赠品不能退换，有问题也概不负责，这是损害消费者权益的行为。大家要记住，免费赠品也可以向商家要求赔偿。

4. 正确使用投诉武器

消费者为了维护自己的合法权益，应该学会正确使用投诉武器，以使投诉得到公正、合理、快速的解决。

在城市生活中，若遇到问题需要进行投诉的时候，广大进城务工经商人员应当了解投诉的方式与一些要求。一般情况下，投诉的方式须采用书面材料。材料上要写明投诉人的姓名、地址、电话、投诉内容等，同时上面也要写明被投诉单位的名称、地址；所投诉商品的购买日期、品名、牌号、规格、价格；投诉材料中还应附有所投诉的商品的购买凭证（如发票、保修证书）复印件和相关证明材料；服务质量、工程质量有问题的证明材料等。进城务工经商人员应该了解自己作为消费者享有哪些法定权利，积极维护自己的合法权益不受侵犯。具体投诉的地方可以是当地的工商行政管理部门或消费者权益保护协会等单位。

据接受消费者投诉的相关部门介绍，他们将在接到投诉后10天内告知投诉人受理情况，对于一般性投诉，限被投诉方20日内有结果或答复。

总之，我们作为消费者，应该懂得如何维护自己的权益，明明白白消费，快快乐乐生活。

做个购物省钱高手

城市是购物的天堂，购物也是生活中必不可少的部分。城市里的购物场所非常多，既有豪华的商厦，也有物美价廉的超市，还有适合低收入阶层的小商品批发市场，面对眼花缭乱的商品物种，一定不要忘了货比三家，更要价比三家。

1. 超市购物省钱 10 招

（1）选择在周末购物。尽量将购物的时间安排在周末。周末虽然人较多，但商家也因此会推出许多酬宾活动，还会有一些打折商品。

（2）晚饭后光顾超市的面包房，他们通常在晚上 7 点以后半价销售当天的新鲜面包。

（3）关注超市的海报。很多超市都会印发海报，推出特价商品和打折时段。

（4）列出购物清单，避免盲目购买。

（5）随身携带一个袖珍计算器，随时算一算所购物品的总价。

（6）经常把眼光投向超市货架的底层部分，它们大多数都比较便宜，而那些比较贵的商品，商家喜欢摆放在与人们眼睛平行的位置，以迎合那些脚步匆匆的购物者。

（7）无论如何，别在饥肠辘辘之时进超市购物。有关研究发现，腹中的饥饿感会令你不同程度地丧失购物理智，使你花起钱来豪爽有加，比平时多出17%。

（8）新产品上市，实质上并没有如宣传上说的那么神奇，最好还是得到大众的认可后再作考虑。

（9）购物抽奖要以平常心看待。超市常常举办一些促销活动，商家刺激的是购物热情，买家在诱惑之下应保持平常心，千万不要为了抽奖而盲目购物，否则最后奖没有抽到，不需要的商品却购买了一堆，就得不偿失了。

（10）核对购物单。在收银台结完账，一定要核对一下购物单上的标价和你当时取商品时看到的价格是否相符，以免收银员将所购物品的数量或价格打错而给你造成损失。

2. 小商品市场砍价有技巧

小兰在一家公司做前台服务，每月收入也就 1 000 多元，可她的穿戴打扮常令一些小姐妹们羡慕。她得意地告诉姐妹们，她的衣服、生活日用品可都是在小商品市场里淘来的。在大商场里几百元一件的东西，她就花了几十元，而且她还把自己的淘宝窍门毫无保留地教给了姐妹们。

在小商品市场买东西，要具备一双火眼金睛加一些耐心，这里的物品种类繁多，质量相差很大，但仔细逛上一遍，总会有惊喜的发现。

兵法可不只用于真实的战场，现在商场如战场，兵法在当今社会也有新的用法。以退为进，虚虚实实，砍价斗的就是智慧。一般说来，小商品市场的大部分商品都可以砍价，但砍价也需要经验和技巧。买东西之前，最好先多逛几家店，了解一下该物品的行情，做到心里有底。当看中某一件商品时，千万不要马上流露出对该商品过分的喜爱，这样老板往往会咬住较高的价格不放。如果老板出的价格你觉得高，争论不下，大可以转身离开，佯装要走，这时老板也许会叫住你，在价格上让步，这样你就可以拿下心爱的物品了。

3. 三大打工城市购物指南

（1）上海购物指南。

上海是一个闻名于世的"商业都市"，享有"中华商业第一街"美誉的南京路，扩建后的淮海路、金陵东路、四川北路以及豫园商业旅游区、不夜城商城、徐家汇、浦东张扬路商城等地，商店鳞次栉比，商品琳琅满目，能适应不同层次的需要。

①南京路。南京路被誉为"中华商业第一街"，宛若昼夜璀璨的长龙，头枕于黄浦江外滩，身卧于南北向的马路，尾拖于千年古刹静安寺，全长5.5公里。南京路是上海开埠后，建立最早的一条商业街，建立在金融集中区域，灯红酒绿的"十里洋场"成为上海最繁华的商业街。

②淮海路。有法国"香榭丽"之称的淮海路是与南京路齐名的旅游购物天堂。著名的华亭伊势丹、巴黎春天、二百永新、时代广场、第二食品商店、瑞兴百货等都在这条街上，以服装、鞋帽的做工考究、式样新颖而蜚声海内外。沿线有上海地铁、42路、926路及911路双层巴士等交通路线。

③不夜城商城。位于上海地铁新客站地区，是上海新型的商业中心，其交通四通八达，109、64、95、903、113 路公交线路及上海地铁一号线可到达。

④新上海商业城。中央为绿化广场，外围 600 米长步行街呈双向环形，周围有 16 幢错落有致、风格各异的高层商厦，其规模、设施、功能在亚洲堪称第一，与南京路及外滩金融街隔江争辉，各领风骚。沿线有 82、86 路，隧道三线、四线等公交线路。

⑤豫园商城。商场共开设了 50 多家专业特色店，经销品种达 1 200 余种，南北土特产众多，品种规格齐全，可满足各类消费者的需要。

⑥城隍庙小商品一条街。小商品一条街荟萃了上海城隍庙的传统特色商店，充分反映了"小、土、特、名、优"的经营特色。万余种传统小商品汇集一市，数十家市、区名特商店陈列一街，每逢庙会，芸芸众生，扶老携幼，熙熙攘攘，摩肩接踵，一幅"吃、玩、带"的民俗画，一派国泰民安的好风景，"小商品王国"的称号当之无愧。

⑦福民街小商品市场。福民街小商品市场由直街福民街和横街安平街、保仁弄及安仁街、达布街五条马路组成，经营的商品以"小"、"多"、"廉"著称，与城隍庙"小商品一条街"相辅相成、相得益彰。

⑧七浦路服装批发市场。七浦路是服饰批发兼零售市场，全国各地的服装商都聚集在这里，各种服装、服饰、箱包应有尽有，而且价格便宜得让你不敢相信，这里是打工者经常光顾的地方。

⑨上海特色街市。这类市场往往由经营商品种类相似的摊头

聚集在一起，从而形成了富有民俗趣味的中国式"跳蚤"市场。福州路文化街，东台路古玩街，石门路服饰街，江阴路花鸟市场，云洲商厦邮票市场，构成一条条颇具特色的风景线，把上海的商业装扮得更加绚丽多彩。

（2）北京购物指南。

作为打工一族，在北京购物，小商品批发市场应该是首选，因为商品齐全，从头到脚，一站就可以全部搞掂，而且价格便宜。北京主要小商品批发市场可参见下表。

另外，买衣服可以去动物园服装批发市场和大红门、木樨园服装一条街，这两个地方是北京服装批发集散地，样式引领潮流，价格适中。

（3）深圳购物指南。

深圳经济特区是我国改革开放的前沿阵地，从高档的国际品牌到普通的大众商品都深受人们的青睐，而且深圳购物场所近年来不断发展完善，形成了区域划分的特点，无论你到哪个地方，都能找到集中的商业购物区域，令你满载而归。

因为不同的消费层次与消费习惯，深圳的购物场所被划分为八大区域，称八大商圈，其中：东门商圈、华强北商圈、南山商圈为三大主力商圈；人民南商圈、深南中商圈、华侨城商圈为三大特色商圈；宝安商圈、龙岗商圈为关外新兴商圈。

北京小商品批发市场一览表

名称	地址	电话	乘车路线
天意市场	西城区阜外大街259号	68327338 68320761	102、103 路阜外西口下车
天外天小商品批发市场	西城区南礼士路月坛公园东门南侧	68022406	13、15、19、21、42、65、823、特 4 路月坛站下车
天地批发市场	海淀区复兴路甲24号	68277306	337、370、373 路天地市场站下车；335、308 路万寿路站下车
天宇小商品批发市场	朝阳区团结湖路东里10号	85989422 85989292	43、115、302、412、405、801、350 路白家庄或团结湖路下车
天宇综合批发市场	石景山区苹果园路甲11号	66815480	336、318、389 路苹果园东门站下车
天缘小商品市场	宣武区广内大街白广路北口	63172266	6、19、40、50、53、822 路白广路北口站下车
天兴小商品市场	东城区东直门北大街16号	64679433	106、107、18、401、404、359、117 路或地铁东直门站下车
天乐市场	西城区西外南路寅12号	68365899	7、15、19、27、45、102、103、105、107、111 路动物园站下车
天民市场	崇文区法华寺91号	67121054	6、35、39、41、43、60、116 路法华寺站下车

续表

名称	地址	电话	乘车路线
天海服装批发市场	丰台区木樨园高庄西口 100 号	67211414	2、17、40、300、324、341、366、368、377 路木樨园站下车
金五星百货批发城	海淀区学院南路明光寺农副市场后	62226829	302、367、379 路学院路站下车
天桥丹陛华小商品批发市场	崇文区永内大街 22 号	67013039	15 路天桥百货商场站下车
义乌小商品批发市场	西城区西便门	63188316 63162530	19、49、360、823、937 路西便门站下车
万通新世界商品交易市场	西城区阜成门大街 2 号	68046266 68588183	13、19、21、44、101、102、103、111、121、335、336、921、823 路阜成门站下车
北京官园商品批发市场	西城区车公庄大街甲 4 号	68343634 68343630	19、26、44、375、387 路官园站下车
平乐园综合批发市场	劲松桥东平乐园	67798741 67798742	52、37 终点站下车
东方福地批发市场	东城区东直门内大街 99 号	64044181	地铁、44、117、359、401、404 路东直门站下车

①三大主力商圈。

东门商圈（传统综合型）：在深圳，"没到东门老街，就不算来过深圳"，东门步行街是深圳历史最悠久的商业区。大大小小的店铺遍布老街，长长的骑楼构成商业长廊，精品店、专卖店比比皆是，老街已经将深圳最大的消费群体吸引过来，从凌晨到午夜，这里始终是人声鼎沸、人头攒动。

华强北商圈（新兴主流型）：福田区的华强北原是厂房集中的工业区，自20世纪90年代起，一家家商城如新鲜血液般注入华强北，使华强北在短短几年内成为令人瞩目的商业旺区。华强北商圈是深圳商业经营模式容纳最多的地区，以电子市场为龙头，汇集了百货、服装、珠宝、餐饮、酒楼、仓储、金融等几十个行业，成为全国业态最齐的商业街。

南山商圈（滨海度假型）：南山商圈现已形成南油商业文化中心区商圈、南油蛇口商圈与南头商圈的三足鼎立之势。

②三大特色商圈。

人民南商圈（时尚潮流式）：人民南商业文化中心区是指以人民南路为轴心向周边发散的中央商业区，购物功能立足豪华高档，以众多高档百货商店和精品商场为依托，吸引中高层消费者。

华侨城商圈（旅游休闲式）：华侨城，是深圳最重要的旅游景点集中地，有国际名店、特色食街、音像超市、休闲广场、酒吧街等。与华侨城原有的饮食一条街构成新商业地带，达到"一天休闲、一站购物、一家逛街"的目的。

深南中商圈（国际都会式）：因为中信城市广场的开业，深南中路商圈被称为"亚洲时尚之都"。中信城市广场的主力店包括西武百货、吉之岛、新南国影院，还有配套的星巴克咖啡，一系列的品牌专卖店、食肆，被称之为"深圳目前最高档"的商区。

做个潇洒的"拼一族"

别理解错了，此"拼"非拼命的"拼"而是拼凑的"拼"。"拼一族"就是一群彼此认识或不认识的人，在一起搭伙吃饭、打的、购物。农民工在城市生活工作，如何以有限的工资，实现"足金足量"的生活品质，试试"拼消费"的方式吧，它能让你提前实现自己的消费梦想。"拼消费"不仅省了"银子"，同时也让背景相似、兴趣相同的人多了聚在一起沟通和交流的机会，无形中拓展了生活圈子，这是"拼消费"的另一笔额外收获。

在现代都市生活中，"拼"的影子随处可见。一位"拼友"说，这种"拼生活"的意义在于让人们更懂得了珍惜和节约，也加强了人与人之间的合作与沟通。"拼"不是因为"吝啬"，而是对生活有着更深刻、更健康的理解。赶快加入"拼一族"吧，下面形形色色的"拼生活"总会有一款适合你。

（1）"拼吃"。

"拼吃"的消费方式在一些年轻的工薪阶层中最为流行。对大多数单身的上班族来说，吃饭是一个难题。总吃盒饭没胃口，一个人去饭店钱包不允许。怎么办？那就拼吃吧。拼吃有几种情况：几个人合伙请一名钟点工，雇用费和买菜钱大家平摊，提前订好菜单让钟点工去采买，一到饭点就能吃到钟点工送来的热菜热饭，这个也叫"拼保姆"。或者就是几个或相识或不相识的人一起 AA 制去餐厅吃饭，菜式丰富，经济实惠。

小王任职的销售公司在 CBD 中心地段，吃顿午餐一般要 30 多元。刚来公司的第一个月，一个月的午餐钱花掉了七八百元。

后来加入到同事"拼吃"的队伍中，大家一块叫个外卖，均摊下来，每个人十几块钱就能吃上一顿比较丰盛的午餐。小王"拼吃"后，每天可省下 20 元，按一个月 20 天工作日来算，一个月就能省 400 元。

（2）"拼车"。

挤公交太累，自己买车太贵，打的太不实惠，上下班的交通难题经常困扰着很多都市打工族。互联网上，不断出现的"拼车俱乐部"提供了各种"拼车"上班的方案。把上班目的地设计成一条行车路线，几个人结伴租车上下班，根据路程远近按比例分摊出租车费用。用比公交多一点的费用享受小车的潇洒，"拼车"与买车、坐公交相比，实惠方便得多。这就是"拼车"一族所要的结果。

江小华自称是资深"拼车一族"，他说："我每天早上从通州赶到西直门上班，晚上再原路返回，实在太辛苦了。挤公交车，等车很麻烦，还有在挤车的时候有丢钱包的危险；打车又没有那经济实力；坐地铁确实是快，但是住所地离地铁要倒两次车，上班坐车令我头痛不已。我邻居是一对年轻夫妇，有辆小车，他们也在西直门附近上班，我拉了公司的两个同事拼他们的车，每天给他们 10 元交通费。我每天坐公交得花 8 元钱，现在拼车了，坐着舒适的小车上下班，每天只需多花 2 元，但很省心，也享受。

（3）"拼读"。

"拼读"在城市正呈现流行趋势，几个志同道合的朋友，每人掏一份钱，合起来买几本大家都喜欢的杂志，然后交换着看，省了钱还书尽其用。类似的还有"拼碟"。

芳芳喜欢看时尚杂志，但书报亭里各色杂志琳琅满目，哪一本价格也不菲，她舍不得那笔对她来说不小的开支，于是，芳芳和同在餐厅打工的姐妹们按月轮流买，大家轮流看，不仅省钱，还丰富了谈资，增进了感情。

（4）"拼购"。

"拼购"在很多年轻人中也非常流行。一到节日，各大商场纷纷推出返券优惠，有时候为了返券买了一堆东西凑够钱数，结果发现"买"非所用。于是，有聪明者开始实施"拼购"对策。

在某工厂工作的小许经常以"拼购"的方式得到实惠。当某商场推出"买300送100"时，小许就约了两个同事，每人买了一件早就看中的化妆品，凑够了300元，然后又把100元返券一分为三买了实用的小物件，这样一来大家都很划算。

（5）"拼卡"。

现代都市消费，可以不使用现金，刷卡能够解决生活中的大部分问题。乘坐公共汽车可以刷卡，商场中购物可以刷卡，缴纳水电费、电话费可以刷卡……

如果你想给父母寄钱了，为家乡父母办理一张银行存折，自己持有银行卡，街边、车站、商场和部分写字楼都设有银行的自动存取款机，在自动存取款机上直接把钱存进去，家乡那一端的父母就可以随时取用了。出门在外想家了，一张长途电话IP或IC卡能让你很快与家人通上话，既省钱又方便。这就是城里人的刷卡生活。

小小一张卡，安全又便捷，成为人们生活的好帮手，而且，刷卡消费常常有折扣，所以"拼卡"也是女孩子惯用的招数。不限个人使用的美容卡、健身卡、公交卡和有需要的朋友一起合用，同时根据金额各人分摊费用，既避免了一次支出一大笔钱，又防止用不完浪费了。从农村来的李小姐目前在一家大商场做美容顾问，她喜欢健身、美容，但是办美容卡、健身卡少则七八百，多则几千元，对李小姐这样的工薪族来说不是承担得了的。于是，她找到了两三个同事，办了美容卡和健身卡，轮流使用，省了钱，又让这些卡发挥最大作用。

（6）"拼网"。

这在邻居之间最为常见。几家共享一条宽带，流量或许稍有下降，不过比起价格的下降来，也就不值一提了。

黄先生是超级网虫，属于没有网络就活不成的一族，可是北京的上网费用挺高，包月一个月得花 120 元，用限时的，的确可以省点钱，但不敢长时间上网。精明的黄先生可不愿意多掏钱，精通计算机的他便说服了楼上楼下的邻居与他共用网线，只花了一百多元钱买了一套设备，安装好后，每月只需要花 40 元，黄先生就可以放心地上网冲浪，再也不用担心超时多花银子。

（7）"拼玩"。

年轻人都喜欢玩，唱卡拉 OK，游山玩水，可这些都是高消费。"拼玩"不但能减轻花销，还能玩得热闹。

欧先生在一家公司做广告设计，工作很辛苦。他有两个外号，一是"麦霸"，一是"背包客"。可唱卡拉 OK、远足旅行都是高消费，欧先生的收入还不足以让他去享受这些。于是，他在网上发了一个帖子，很快就征集到了一帮志趣相同的朋友。现在KTV 包厢按小时收费，人多人少无所谓。于是，每到周末，欧先生就约上那伙朋友去 K 歌，让有限的包厢空间发挥最大的娱乐价值，还有免费的茶点。放长假的时候，几个朋友拼租一辆车，上各地玩玩，其乐无穷。

（8）"拼博"。

"拼博"是懒人的发明，就是几个人合写博客。

小俊是一名流水线女工，她最大的爱好就是写博客。可是厂里常常加班，她很少有时间去上网，博客很长时间才能更新一次，越来越少的访问量，把小俊的自尊心狠狠地伤了一把。有天在网上看到别人"拼车"、"拼房"，她想，自己能不能与人"拼博"呢？她找了几个不同班次同样爱好写博的老乡和工友，大家一起来写博客。这招还真管用，博客几乎每天得到了更新，而且因为是由几个人一起写，你一段她一段，内容丰富，风格各异，访问量直线上升。

（9）"拼相亲"。

看过日剧里的四人晚宴、六人晚宴吗？"拼相亲"就是这样的形式。通过朋友或者网络，几个条件相当的年轻人一起吃饭，既避免了两人相对可能的尴尬，又增加了和不同的人交流的机会。

老陶的老婆就是"拼"来的。因为在南方一家铸造厂上班，他结识异性的机会很少，到了而立之年依然是王老五。回家过春节时，在老家父母的安排下正儿八经地相了两次亲，感觉除了尴尬还是尴尬。当网上出现"拼相亲"时，老陶热情高涨，没想到一"拼"还真如愿了，认识了同一城市一家电子管厂打工的兰兰。他们一见如故，很快就结婚了。

（10）"拼婚"。

一起结婚的几对新人，通过团购婚纱、酒店房间、宴席，可以获得单独购买不可能达到的低折扣，于是把时间凑一凑，一起结了得了。

小郭要结婚了，这本是件大喜事，但准老婆提出的要求令他愁眉不展，她要一场体面的婚礼。小郭算了算，从买婚纱、拍婚纱照，到结婚喜宴，一套下来，少说也得花 4 万元。4 万元，以小郭的收入，不吃不喝也要干两年。怎么办？有好友给小郭出主意："拼婚"。于是，小郭与另外五对新人拼了一把婚。乖乖，不拼不知道，一拼吓一跳，一场婚"拼"下来，小郭节省了整整 2 万元。

小贴士

风险处处有，入"拼"要小心

"拼"消费的参与者是本着一个节俭、节约的意识去共同消费的，符合中国勤俭节约的传统美德。建立在彼此信任基础上的"拼消费"不仅让双方得到实惠，也充分利用了有限的资源。

但是，"拼"消费的模式存在一定的风险。在此要提醒广大"拼"一族，"拼"之前最好有个书面约定，因为大部分"拼"一族的行为是随机的，很难保证不会引起纠纷。因此仅仅口头约定是不够的，对于较大额度的"拼"，最好签订协议，将约定逐条落实，特别要注意防止有不良企图的人进行欺诈。在节俭的同时，也要保证自身财产的安全，这种安全有保证的消费行为才值得提倡。

"穷忙族"的省钱秘笈

"穷忙族"来自英文单词"working poor",是指那些薪水不多,整日奔波劳碌,却始终无法摆脱贫困的人。我们的很多打工朋友都属于"穷忙族"。

"白领"一词在今天也有了另外一个意思,发了薪水,交了房租、水、电、煤气费,买了油、米和泡面,摸摸口袋剩下的钱,感叹一声:唉,这月工资又"白领"了!

节约的根本就是要珍惜东西和钱!不浪费食物是不用说的了,即使是要扔用旧的或者使用过的东西,也想一想"是不是还能用在其他地方"。购物时碰到心仪商品不要立刻就买,可以花工夫想想是不是可以用其他某种东西代替。我们如此做的目的只有一个——省钱。

省钱,不是降低生活质量;省钱,是一种积极的生活态度!特别是打工一族,微薄的收入攒起来还有更大的用途。生活中,其实存在很多省钱妙计,运用这些妙计,不是吝啬,而是不铺张浪费。

作为"穷忙族",作为"白领",下面这些省钱秘笈可不能忘。

(1) 确定一个自动储蓄计划。

在银行建立一个零存整取的账号,每月定期从你的工资卡上划去一小笔不会影响你日常开销的钱,可能仅仅是一顿饭的钱,或者一次泡吧的费用,但是当你开始这么做的时候,你已经不再是"月光一族"。

（2）有困难上网解决。

当你不知道自己需要购买的东西是否正在打折促销的时候，可以上购物网站，例如，淘宝、卓越等，说不定还能淘到比实体店更便宜的货品，偶尔还能获得现金券，留待下次购物使用。

（3）为那些不必要的商品写一张"我不需要它们"列表。

在手机或者随身携带的笔记本上记下你不需要的物品清单，购物的时候坚决不予购买，随着你的清单越来越长，你会发现，即便离开了这些东西，你的生活依旧可以照常继续。

（4）购物省了多少钱就存多少钱。

购物省下来的钱不是用来购更多的物，也不是给你机会胡吃海喝。没有预期的打折或者降价给了你一笔"小横财"，既然它不在你的消费计划里，请把它存进银行。

（5）不要小看零钱。

把零钱也存起来，放进储蓄罐里，积少成多，看起来有点老土，但是，这可以帮助你养成不浪费的习惯。况且，积少成多，100个硬币加在一起就是1张百元大钞，恭喜你，又可以存进银行了。

（6）为奢侈品建立一个"等待"时间表。

当你非常希望拥有某件奢侈品的时候，请不要立即购买，而是等待，一个月或者更长的时间过后，把它从你的等待列表中翻出，看看你是否依旧希望拥有它。也可以建立一个"日薪原则"，例如，你每日的薪水为100元，而你希望买一个2 000元的物品，那你需要等待20天，等自己努力工作20天后，再回头看看是否真的想买它。等待可以让你分辨出哪些是你真的希望拥有的物品，而哪些仅仅是一时冲动希望抱回家的，想好了再买总比买完后悔去退货来得容易。

（7）存小钱买大件。

当你需要换电脑或者其他大件物品的时候，请立即建立一个相关账户，例如，"电脑"账户，把平时省下来的所有小钱都存进里面，直到你可以买到为止，在此期间，你依旧在之前开的储蓄账户里存钱，而这个账户只是帮助你在不影响正常理财计划下能够购买真正需要的大件，当你这样做并且买到了电脑的时候，你会发现自己开始爱惜买回来的电脑，就像一个马拉松，你坚持跑完了全程，电脑是奖品，无论它价值多少，你都将异常爱惜它。

购物新选择——网上购物

在《新生代农民工融入城市生活丛书·认识篇》一书中我们为广大农民工朋友介绍了网上购物的好处以及如何进行网上购物等，相关内容本书不再重复。利用互联网购买商品或服务，能够最大程度地为自己省钱。目前随着人们观念的改变以及国家对网上购物的规范，网上购物也得到越来越多的消费者的认同，广大农民工朋友要充分利用这种新型购物形势，最大程度地为自己省钱。

当然，任何事物都具有两面性。作为一种新的购物方式，网上购物独特的优点在引领人们转变购物方式的同时，也为我们埋下了一些安全隐患。为确保在网上安全购物，应该做到以下几个方面：

（1）上网购物前要认真选择专业购物网站，核实该网站是否有经营许可证，尽量选择信誉度高、历史较长、访问量较高的网站购物。

（2）选择商品前要先查看销售单位或个人的信用度。付款前注意支付安全，先查询对方银行账户或信用卡所在城市，若开户地与公司地址不一致，就应提高警惕。

（3）无论是买家、卖家，最好还是使用支付宝。

（4）管理好自己的个人资料，信用卡号码和身份证号码不要轻易泄露，更不要轻易地把信用卡和身份证交给他人。如果用信用卡支付，最好使用专用的一个账户，卡内不宜存放太多现金。同时减少或杜绝在网吧等公共设备上使用，以防用户信息泄露。每次购物后要及时修改密码。应尽量选择货到付款、同城交易方式。

（5）收货时一定索要相关凭证。就目前来说，商家对网购商品不承担售后责任是消费者最头疼的问题。因此，消费者收货时就要向卖家索要相关凭证。此外，消费者一定要注意完整保存"电子交易单据"，在商家送货时注意核对货品是否与所订购商品一致，有无质量保证书、保修凭证等，同时索取购物发票或收据。

在收货时间上，一般情况下，消费者在给对方汇款之后的十天内基本上就能收到自己的商品了，如果超过了这个期限，却还迟迟没有对方的信息，通过网上、手机等也联系不到卖家，这个时候消费者就要及时整理自己的所有汇款、交易等凭证，上报公安机关来处理。

（6）网上购物应保持良好的心态，遇到不如意时或对货物不满意应有心理准备，网上购物有好的一面也有它欠缺的一面，就是退换手续麻烦。寄来寄去，浪费钱也浪费时间。

（7）网上购物时切勿贪小失大，不要抱有贪小便宜的心理，对于比市场价格异常偏低的商品，一定要谨慎。

另外，在网上进行交易的时候，还要注意网址的链接要安全，保护好自己的隐私，选择口碑好的购物网站等，这样能够使你的网上购物更安全可靠。

网上就医

这里给广大农民工朋友介绍一种新的网络利用形式：网上就医。网络的出现，使就医的方式在某种程度上也发生了些许变化。现在有些医生通过网络授课为民众普及医疗知识；也有医生通过论坛进行医学交流，为患者答疑解难；也有医生通过 QQ 聊天工具对病人进行会诊。网上就医为病人提供了便捷的服务，避免了去医院就医的复杂程序，提高了效率。然而，作为一种新生事物，它难免有不规范之处；作为一种虚拟的交流方式，有的会因欺诈而贻误病情。在进行网上就医时，要注意以下事项：

第一，网上就医首先要选好医院和医生。网上医疗超市里的医院很多，医生也很多，你可以先仔细阅读每个医院及其大夫的介绍，然后多开几个对话窗，多问几个大夫，觉得基本了解情况了，再锁定一个耐心的大夫好好聊。

第二，跟医生聊天的技巧。选好大夫后，先不要急着说自己的病情，最好是先礼貌地问候一下大夫辛苦、忙不忙之类，紧接着再问是否方便通电话，电话交流不仅能避免双方打字交流的辛苦、节省时间，还能把病情说得更充分、更准确。当然，有的医疗超市还有视频，这时，应尽量要求大夫开视频，便于进行初步的肉眼观察。

第三，怎样避免误诊。网上就医虽然方便，但更要避免误诊。通常，医院误诊纯属医生的责任，和病人无关，而网上就医却可能是双方相互误导的结果。因此，要尽量准确描述和表达自己的病情，绝对不能隐瞒，更不能夸大。

第四，确诊后的网上就医。网上就医的最终确诊，还是要在医院进行，但在确诊后的治疗过程中，有必要继续保持网上的医患关系，比如：可以上网向医生汇报疗效，还可以针对用药方法和治疗方案的调整进行咨询，以减少往来医院的奔波。

第五，医疗超市的局限。有人把网上医疗超市的好处吹得神乎其神，误导了很多患者。其实，网上就医只适合疑难杂症的医疗救援和慢性病的初期诊断，确实能大量节省前期费用，也省得病人东奔西跑、来回折腾。但是有些急症或重症，还是要直接去医院，以免耽误治疗时间。

第五章　学习时代，共享进步

进城务工之前为什么需要练好普通话

普通话是以北京语音为标准音，以北方话为基础方言，以典范的现代白话文著作为语法规范的现代汉民族的共同语。简单地说，我们平常在电视上看到的新闻报道，说的就是普通话。现在全国大力推广普通话，绝大多数的城市都以普通话为主要沟通语言。1997 年召开的全国语言文字工作会议确定了 21 世纪我国语言文字的目标，要求在 2010 年以前，普通话在全国范围内初步普及，21 世纪中叶以前在全国范围内普及。

对于北方农村的人来说，普通话一般不会成为进城务工的障碍，但是对南方以及一些边远地区的人来说，如果自己家乡的方言与普通话相差甚远，自己的口音又很重，进城之前练好普通话就极为迫切了，否则的话你在城市将寸步难行。大量的事实都证明普通话是农村富余劳动力进城务工的一道门槛。

练好普通话，不仅能使自己在应聘时给对方留下一个好的形象，增加找工作的成功率，同时又能保证让别人理解自己所说的话，更好地表达自己的想法，让别人认识和了解自己，这样才能在城市立稳脚跟，找到适合自己的工作。试想一下，如果一个人说的话别人都听不清楚，即使他工作干得再好，但与别人不能进行有效的沟通，就会给人一种无法信任的感觉，这无形之中就削弱了自己的竞争力。同时，语言上的障碍也会使自己不能与其他人交流思想、感情，这使自己显得很孤立，在情感的满足上存在着遗憾。所以，重视普通话训练是必要的。有条件的人可以参加普通话水平测试，通过学习消除交流与沟通中的语言障碍。

知识与技能的区别和联系

知识是人类生产和生活经验的总结，如物理知识、化学知识、人际交往知识、管理知识等，而且发展十分迅速，以至于人们用"知识爆炸"来形容知识的增长。知识是我们适应社会和工作的基础，没有知识我们就会被社会所淘汰。技能是对动作方式的一种概括，是按一定的方式反复练习或模仿而形成的熟练的动作，如学习绘画、打字、开车、电焊、修理等。

农民朋友进城就业既需要知识也需要技能，学习知识是掌握技能的基础，如果没有驾驶的知识，不懂得车辆的结构和性能，驾驶技能的掌握就会受到限制。知识的多少决定着技能掌握的快慢和深浅，技能的掌握又反过来影响知识的学习和发展。由此可见，知识与技能的联系是十分密切的。

知识与技能又有明显的区别。首先，他们获得的途径不同，知识可以从书本上来，也可以靠别人的灌输来获得，而技能只有通过实践和反复练习才能获得，通过反复练习可以使局部动作联合为一个完整的动作技能，一般的学校教育不能代替技能的训练。其次，他们在实践中的作用也是不同的，知识只有通过技能才能在生产中发挥作用，要把知识变成生产力必须依靠技能。正是在这个意义上，用人单位更需要掌握了一定技能的人，仅有知识而缺乏技能所谓"高分低能"的人是不受用人单位欢迎的。

职业技能鉴定疑难解答

职业技能鉴定是一项基于职业技能水平的考核活动，属于标准参照型考试。它是由考试考核机构对劳动者从事某种职业所应掌握的技术理论知识和实际操作能力做出客观的测量和评价。职业技能鉴定是国家职业资格证书制度的重要组成部分。

（1）职业技能鉴定有哪些要求？

参加不同级别鉴定的人员，其申报条件不尽相同，申报人要根据鉴定公告的要求，确定申报的级别。一般来讲，不同等级的申报条件为：参加初级鉴定的人员必须是学徒期满的在职职工或职业学校的毕业生；参加中级鉴定的人员必须是取得初级技能证书并连续工作五年以上，或是经劳动行政部门审定的以中级技能为培养目标的技工学校以及其他学校毕业生；参加高级鉴定人员必须是取得中级技能证书五年以上，连续从事本职业（工种）生产作业不少于十年，或是经过正规的高级技工培训并取得了结业证书的人员；参加技师鉴定的人员必须是取得高级技能证书，具有丰富的生产实践经验和操作技能特长，能解决本工种关键操作技术和生产工艺难题，具有传授技艺能力和培养中级技能人员能力的人员；参加高级技师鉴定的人员必须是任技师三年以上，具有高超精湛技艺和综合操作技能，能解决本工种专业高难度生产工艺问题，在技术改造、技术革新以及排除事故隐患等方面有显著成绩，而且具有培养高级工和组织带领技师进行技术革新和技术攻关能力的人员。

（2）如何报名参加职业技能鉴定？

申请职业技能鉴定的人员，可向当地职业技能鉴定所（站）提出申请，填写职业技能鉴定申请表。报名时应出示本人身份证、培训毕（结）业证书、技术等级证书及工作单位劳资部门出具的工作年限证明等。申报技师、高级技师任职资格的人员，还须出具本人的技术成果和工作业绩证明，并提交本人的技术总结和论文资料等。

（3）职业技能鉴定的主要内容是什么？

国家实施职业技能鉴定的主要内容包括：职业知识、操作技能和职业道德三个方面。这些内容是依据国家职业（技能）标准、职业技能鉴定规范（即考试大纲）和相应教材来确定的，并通过编制试卷来进行鉴定考核。

（4）职业技能鉴定方式是什么？

职业技能鉴定分为知识要求考试和操作技能考核两部分。知识要求考试一般采用笔试，操作技能考核一般采用现场操作加工典型工件、生产作业项目、模拟操作等方式进行。计分一般采用百分制，两部分成绩都在 60 分以上为合格，80 分以上为良好，95 分以上为优秀。

（5）什么是职业技能鉴定所（站）？

职业技能鉴定所（站）是经劳动保障行政部门批准设立的实施职业技能鉴定的场所，它是职业技能鉴定的基层组织，承担规定范围内的职业技能鉴定活动。具体工作任务包括：①受理职业技能鉴定的申请，对申报人的资格条件进行审查，经鉴定指导中心核准后，签发准考证；②组织申报人员按规定的时间、地点和方式进行考核或考评；③协调鉴定过程中的有关事务；④汇总鉴定成绩，并负责报送鉴定指导中心；⑤向鉴定指导中心提供鉴定报告，对考评小组的工作提出评价意见；⑥协助鉴定指导中心办理证书手续，并负责向鉴定合格者发放职业资格证书；⑦负责鉴定的咨询服务和信息统计等工作。

（6）申报职业技能鉴定注意事项有哪些？

申报职业技能鉴定，首先要根据所申报职业的资格条件，确定自己申报鉴定的等级。如果需要培训，要到经政府有关部门批准的培训机构参加培训。申报职业资格鉴定时要准备好照片、身份证以及证明自己资历的材料，参加正规培训的须有培训机构证明，工作年限须有本人所在单位证明，经鉴定机构审查符合要求的，由鉴定所（站）颁发准考证。参加考试时必须携带准考证，否则不能参加考试。

（7）职业技能鉴定工作中违纪现象的处理。

职业技能鉴定是面向广大劳动者和用人单位的一项社会公益性事业，为了保证职业技能鉴定质量，树立职业资格证书的权威性，各级职业技能鉴定管理部门建立了举报制度，设立监督电话，鼓励和支持社会各方面对乱办班、乱考核、乱发证以及各种违反考务纪律的行为进行检举。劳动者一旦发现职业技能鉴定工作中的违纪现象，可以直接到当地劳动保障行政部门或职业技能鉴定指导中心投诉，由劳动保障部门按有关规定进行查处。

什么是农民工"阳光工程"

"阳光工程"是由政府公共财政支持，主要在粮食主产区、劳动力主要输出地区、贫困地区和革命老区开展的农村劳动力转移到非农领域就业前的职业技能培训示范项目。为贯彻落实党中央、国务院的要求和部署，加强农村劳动力转移培训工作，农业部、财政部、劳动和社会保障部、教育部、科技部、建设部从2004年起，共同组织实施农村劳动力转移培训阳光工程（简称"阳光工程"）。

（1）目标任务。

2004—2005年，重点支持粮食主产区、劳动力主要输出地区、贫困地区和革命老区开展短期职业技能培训，探索培训工作机制，为大规模开展培训奠定基础。培训农村劳动力500万人，年培训250万人；2006—2010年，在全国大规模开展职业技能培训，建立健全农村劳动力转移培训机制，加大农村人力资源开发力度。培训农村劳动力3 000万人，年培训600万人；2010年以后，按照城乡经济社会协调发展的要求，把农村劳动力培训纳入国民教育体系，扩大培训规模，提高培训层次，使农村劳动力的科技文化素质总体上与我国现代化发展水平相适应。

（2）组织实施。

①组织领导。在国务院领导下，由农业部、财政部、劳动和社会保障部、教育部、科技部和建设部共同组织实施。成立全国阳光工程办公室，负责制定政策、综合协调和项目监管。各地在党委和政府统筹领导下，成立阳光工程办公室，负责组织开展本

辖区的阳光工程各项工作。

②培训管理。各地按照公开、公平、公正的原则，以订单培训的形式，面向社会招标确定项目实施单位。培训单位根据用工需求，制订培训计划，安排培训课程，组织开展培训和就业服务工作。

③资金管理。培训经费实行政府和农民个人共同分担的机制。政府补助资金由中央财政扶持资金和地方财政扶持资金组成。政府补助资金通过培训券方式或培训机构降低收费标准方式直接让农民受益，不用于培训单位基本建设、培训条件建设和技能鉴定。

④监督检查。建立行政领导责任制，明确职责，一级向一级负责，逐级落实责任。向社会公布培训单位、培训任务、培训专业、收费标准及资金补助等情况，设立举报电话，接受社会监督。建立培训项目法人责任制，承担项目的培训单位对项目的申报、实施和资金使用负责。开展培训项目检查验收，重点检查农民培训台账、农民转移就业台账和补助资金使用情况。发现有违反相关规定的，将进行严肃处理。

什么是劳动预备制培训

劳动预备制度是国家为提高青年劳动者素质，培养劳动后备军，促进青年劳动者就业而建立和推行的一项新型培训就业制度。

（1）法律依据。我国《劳动法》规定："从事技术工种的劳动者，上岗前必须经过培训。"《职业教育法》第 8 条规定："国家实行劳动者在就业前或者上岗前接受必要的职业教育的制度。"《中共中央国务院关于切实做好国有企业下岗职工基本生活保障和再就业工作的通知》要求："要普遍实行劳动预备制度，对城镇未能继续升学的初、高中毕业生，进行 1～3 年的职业技术培训。"《中共中央国务院关于深化教育改革全面推进素质教育的决定》要求：要"积极推行劳动预备制度，坚持实行'先培训、后上岗'的就业制度"。这些规定是建立和实施劳动预备制度的重要依据。《国务院办公厅转发劳动保障部等部门关于积极推进劳动预备制度加快提高劳动者素质意见的通知》规定："从 1999 年起，在全国城镇普遍推行劳动预备制，组织新生劳动力和其他求职人员，在就业前接受 1～3 年的职业培训和职业教育，使其取得相应的职业资格或掌握一定的职业技能后，在国家政策的指导和帮助下，通过劳动力市场实现就业。"

（2）实施劳动预备制度的对象。实行劳动预备制度的主要对象是城镇未能继续升学的初、高中毕业生，以及农村未能继续升学并准备从事非农产业工作或进城务工的初、高中毕业生。

（3）入学方式。参加劳动预备制的人员进行职业培训原则上实行免试入学，需要经过文化考核和能力测试的，由当地政府确定。进入各类职业学校学习按国家或地方有关规定进行。

（4）培训内容和培训期限。对劳动预备制人员的职业培训和职业教育，是根据劳动力市场需求，按照职业分类和职业技能标准来组织进行的。培训内容主要是进行职业技能和专业理论学习，并进行必要的文化知识学习和创业能力培训，同时进行职业道德、职业指导、法制观念等教育。培训时间根据学员文化基础和所选专业确定，技术职业（工种）一般应在 2 年以上，非技术职业（工种）一般应在 1 年以上。特殊职业（工种）的培训期限和内容，可适当调整。

（5）培训形式。对劳动预备制人员进行培训，可采取灵活多样的培训形式，如全日制、非全日制以及学分制与学时制相结合或远程培训等灵活多样的培训形式，还要组织劳动预备制人员进行生产实习，开展勤工俭学，并组织其参加社区服务、公益劳动等社会实践活动。

（6）培训经费。开展劳动预备制培训所需经费，原则上由个人和用人单位承担，政府给予必要的支持。用人单位委托培训机构进行定向培训，其培训费可在职工教育经费中列支。对学员个人收取培训费，可参照当地职业学校和培训机构的收费标准执行。对家庭经济确有困难的，可酌情减免培训费用。

（7）就业。劳动预备制人员培训或学习期满，取得相应证书后，方可就业。从事一般职业（工种）的，必须取得相应的职业学校毕业证书或职业培训合格证书。从事国家和地方政府以及行业有特殊规定职业（工种）的，在取得职业学校毕业证书或职业培训合格证书的同时，还必须取得相应的职业资格证书。从事个体工商经营的，也应接受必要的职业培训，其中从事国家和地方政府规定实行就业准入控制职业（工种）的，必须在取得职业资格证书后方可办理开业手续。

对未经过劳动预备制培训学习，或虽经劳动预备制培训学习，但未取得相应证书的人员，职业介绍机构不得介绍就业，用人单位不得招收录用。对违反规定招收、录用的单位，劳动保障监察机构要责令其改正，并要求未经培训学习的人员参加相应的劳动预备制培训学习，限期取得毕业证书、职业培训合格证书或职业资格证书。

（8）继续学习。参加 1 年以上劳动预备制培训的合格人员，在报考技校时，同等条件下优先录取。

国家对开展农村劳动预备制培训有什么要求

为贯彻实施劳动预备制度，国家劳动和社会保障部培训就业司对在农村地区实施劳动预备制的相关事项提出了要求：

（1）培训对象。农村未能继续升学并准备从事非农产业工作或进城务工的初、高中毕业生。对准备从事农业生产劳动的初、高中毕业生，各地可从本地实际出发，另行制定培训办法。

（2）培训地点。农村新生劳动力一般在户籍所在地参加劳动预备制培训，已实现流动就业的人员可在就业地参加培训。

（3）培训期限。参照城镇新生劳动力要求进行，在当地参加非农产业培训的，培训期限可根据实际情况确定，但不得少于 6 个月。

（4）培训形式。根据农业生产情况采取更加灵活的培训形式，如非全日制、夜校、广播电视函授教育等。

（5）培训证书。农村劳动力流动就业凭有统一标识的劳动预备制培训合格证书发放流动就业证卡。

如何找到正确的学习方法

无论是参加什么样的学习，学习方法是很重要的。很多农民工朋友离开学校很久了，对怎样学习，即学习方法不太重视，一味地死记硬背，结果学习效果很不好。其实，学习方法与学习的过程、阶段、心理条件等有着密切的联系，它不但蕴含着对学习规律的认识，而且也反映了对学习内容理解的程度。学习方法因人而异，但正确的学习方法应该把握好以下几个原则：

（1）循序渐进原则。就是要根据自身的条件，系统而有步骤地进行学习。它要求农民工朋友应注重自己的基础，切忌好高骛远，急于求成。循序渐进的原则体现为：一要打好基础；二要由易到难；三要量力而行。

（2）读思结合原则。我们知道记忆与理解是密切联系、相辅相成的。一方面，只有在记忆的基础上进行理解，理解才能透彻；另一方面，只有将所学的知识理解了，记忆才会牢固。读思结合原则，就是既要通过"读"去记忆，又要善于提出问题和解决问题，而不是"小和尚念经，有口无心"。

（3）"博学"与"精学"相结合原则。"博学"就是广泛地学习，广泛地阅读。"精学"就是认真仔细地学习和研究，细细地阅读。这两者也是相辅相成的。通过"博学"可以培养学习兴趣，明确学习方向，为"精学"打好基础；通过"精学"可以将知识消化吸收，指导进一步的"博学"。

（4）能力提升原则。就是要充分发挥学习的主动性和积极性，尽可能挖掘自我内在的学习潜力，培养和提高自学能力。能力提升原则要求不要为学习而学习，应当把所学的知识加以消化吸收，变成自己的东西，最终提高自己的能力水平。

（5）学习与实践相统一原则。学习的目的是为了实践，是为了更好地工作，因此要把学习和实践结合起来，切忌学而不用。一是要善于在实践中学习，在工作中学习，边实践、边学习、边积累；二是要把学习得来的知识，用在实际工作中，解决实际问题。

在具体学习中，要采用正确的学习方法。学习得法，往往会事半功倍，否则，只能是劳而无功。古今中外的许多名家学者之所以成功，与他们科学、有效的学习方法是密不可分的，下面就简单介绍一下这些名家的学习方法：

（1）理学家朱熹的"三到法"。他认为读书应该做到三到：心到、眼到、口到。

（2）教育家孔子的"学思结合法"。"学而不思则罔，思而不学则殆。"也就是说，在学习过程中，光是死学不行，还要勤于思考；有了问题，就要去学习，通过学习新的知识来解决问题。

（3）小说家巴尔扎克的"反问法"。他认为：打开一切科学的钥匙是问号。也就是说，学习时，要多问几个为什么，带着问题去学习，是最好的学习方法。

（4）作家列夫·托尔斯泰的"思维法"。只有靠积极思维得来的才是真正的知识。

（5）生理学家巴甫洛夫的"循序渐进法"。他认为：要想一下全知道，就意味着什么也不会知道。要真正学点东西，一下子不要学很多的东西，什么都学，最终什么都学不到。

（6）文学家欧阳修的"三上法"。即马上、枕上、厕上学习，也就是讲要充分利用时间。

（7）历史学家陈恒的"读目法"。读书先读目录，心中有数。先读目录，了解书本的框架和基本内容，有利于进一步学习。

（8）教育家布鲁纳的"兴趣法"。他认为：学习的最好刺激，乃是对所学材料的兴趣。因此，要善于发现和培养自己对所读书籍的兴趣，带着兴趣去学习，往往会事半功倍。

（9）科学家巴斯德的"坚持法"。达到学习目的的奥秘在于坚持。学习贵在坚持，三天打鱼，两天晒网，是什么也学不到的。

（10）孟轲的"独立思考法"。净信书不如无书。也就是说，不要什么都相信书本的，要有独立思考的能力，用实践来检验知识，不要读死书，要敢于怀疑。

（11）短篇小说家马克·吐温的"专注法"。他认为：只要能专注，就能取得连自己都会吃惊的成就。工作是如此，学习也是如此。既然决定要学，就要认认真真，专心致志地学好。

（12）史学家顾炎武的"新旧法"。每年用3个月复习旧知识，其余时间学新书。也就是说，学习与复习都是很重要的，一味地学习新东西，而不去复习，学习就没有效率。

当然，不同的人有不同的学习方法，或者说学习风格。以上所说的一些名家的学习方法，并不是要每位想学习的农民工朋友都去用。这些只是作为参考，如果你认为哪种学习方法对你最有用，不妨记下来去试一试。

怎样才能记得牢

对于在城市务工的朋友来说，由于工作忙或者年龄大等原因，往往记忆力较差，才学过的东西，一下子就忘记了。其实，只要懂得记忆规律，运用科学的记忆方法，就能提高学习和记忆效果。

一是在理解的基础上记忆。俗话说："欲要记，先要懂。"从记忆规律的角度来讲，一个人对所要记忆的知识，理解得越深刻，记忆效果就越好。因此，农民工朋友对于所学知识首先要搞清楚，弄明白，特别是对那些难以理解的内容更是要耐心琢磨，反复品味。国外有人曾做过研究：对于一个成年人来说，一篇百字左右的文章，在搞清了文章的思想、内涵和基本语意后，15～20分钟就可以把它记住了，如果盲目机械记忆，则要近1小时，甚至更长时间。

二是要勤于复习。记忆的过程也就是同遗忘作斗争的过程，不懂得复习是难以达到记牢的效果的。科学家证明，人们对所学知识的遗忘是先快后慢，先多后少。遗忘最严重的时刻是在记忆后的前1天，甚至发生在最初的几小时、几分钟（前1天有可能遗忘所记材料的一半），以后速度逐渐减慢。及时复习对巩固所学知识能起到事半功倍的效果。科学研究还证实，人们对所学习、记忆的内容达到了初步掌握的程度后，如果再用原来所花时间的一半去进一步巩固强化，使学习、记忆的程度达到150%，将会使记忆的痕迹得到强化，所记内容经久不忘，这在心理学上称为"过度学习"效应。因此，复习是很重要的。

三是运用多种方法记忆。在记忆时，要善于根据不同的学习内容和学科特点，结合自己的实际，运用多种方法进行记忆。比如：边学边练，自我回忆；抓住特征，展开联想；记住主要公式，进行类推等。

四是要多动笔。"好记性不如烂笔头"。在学习中，一定要注意学思结合，手脑并用，养成"不动笔墨不读书"的好习惯。对于那些重点、难点又不容易记住的内容更是要多动笔。这比单纯地用口去读，用眼睛去看效果要好得多。

五是要善于归纳。有条理的知识比杂乱无章的知识更容易记牢，在学习中要及时对所学知识进行归纳、整理，加强前后知识、新旧知识的联系，努力使所学知识在头脑中形成一个层次分明、逻辑严密的知识系统，这对于保持记忆无疑也有着重要的作用。

学会利用图书馆

在每一座大城市，都有几座规模大、馆藏丰富的图书馆。试问：你知道你所身处的大城市有几家图书馆？位置在哪里？你去过几次？你借过书吗？

面对这些问题，无论是普通人，还是知识青年，或是普通的打工仔，大多数人会一脸茫然。因为大多数人缺乏一种"图书意识"，这是一件很让人遗憾的事！

有位留学加拿大的学者写道：

"在课余时间或周末的图书馆里，我总可以见到一些年纪不大的小学生们根据自己的兴趣或老师布置的'作业'在查阅资料，看着他们那像模像样的神态，联想起在国内曾听别人说国外的学生从小学会了做'大'文章，他们所做的作业颇似国内要到大学甚至研究生阶段所作的论文。真是耳听是虚，眼见为实呀！

其实，在加拿大学习没过多久，我就发现那里的图书馆非常普遍，甚至比书店还要多。不仅如此，每家图书馆里的设施都很多，所有图书馆都是电脑联网，所以你可以在任何一家图书馆找到你需要的图书杂志，而且都是免费的，因此，加拿大人，无论是研究者、教师、学生，还是普通人士，甚或年轻的带着婴儿的家长，工作之余总是愿意呆在图书馆里，在自己学习的同时，也使儿童从小得到图书馆氛围的熏陶……"

和我们国内的情形比较起来，且不说图书馆的数量、设施等差得远，就是在利用图书馆自主学习这一点上，离加拿大也有很大距离。在一个呼唤终身学习的时代，所有人，特别是在大城市里奋斗的人，实在应该树立起"图书馆意识"。

所谓图书馆意识，就学习者而言，是充分利用图书馆的自觉意识，是进行研究的探究意识，是学会学习的意识。可以这么说，一个人有没有图书馆意识，可以作为判断此人能否进行探究式学习以及今后能否有所创新的一个极其重要的标准。

因此，一个树立终身学习理念，具有创新意识、创新精神、创新能力的人一定是一个具有现代图书馆意识的人。毕竟，学习创新是对人类已有文化的继承与发展，是对前人研究成果的发扬光大，这一切都离不开图书馆的作用。

每一个人都应清楚地意识到：图书馆不仅是藏书的地方，更是学习的地方，研究的地方。它不能仅是一座藏书库，而应是人们学习的伊甸园，创新的新天地，心灵徜徉的海洋，与古今中外大师们心灵对话的美好场所！

在我国，相对于中小城市和农村而言，大城市的图书馆资源比较丰富。身处大城市的人，应该充分地利用这种优势，在业余时间走进图书馆去，在书籍的海洋中熏陶自己，升华自我。

那么，怎样才能有效地开掘和利用图书馆这座知识的宝藏呢？这需要你了解图书馆的组织、图书馆书目的检索、图书馆的服务等常识。

（1）图书馆的组织。

所有的图书馆资料散居在全馆中，你必须靠每一份资料的"地址"才能找到所要的资料。

一般而言，图书馆的基本组织有四个部分：

①阅览室：收藏一般图书。

②咨询室：收藏工具书。

③期刊室：收藏杂志、报纸等。

④特藏室：收藏特殊形态资料，如唱片、录音带等。

每一座图书馆会因规模的不同而有各自更精细或简略的划分。当你进入图书馆之后，第一件事就是弄清楚全馆的分配状况。通常在图书馆的入口处附近就有该馆的平面图或楼层图，所以，这点并不难做到。其次判断你的资料是属于哪一室的收藏，然后从该室找起。

（2）图书馆书目检索。

图书馆的所有资料都有目录，这些目录就是每一件资料的地址。有了这些目录，你才能够迅速找到你要的资料。目录的排列如同字典内容排列一样有一定的规则。图书馆为了能够有效管理内部的资料，会以分类的方式处理这些资料，即要作资料分类，这就需要你懂得分类法。

目前，我国图书馆通用的图书分类法是《中国图书馆分类法》。《中国图书馆分类法》分五大部22大类，其内容如下：

A. 马克思主义、列宁主义、毛泽东思想、邓小平理论

B. 哲学

C. 社会科学总论

D. 政治、法律

E. 军事

F. 经济

G. 文化、科学、教育、体育

H. 语言、文字

I. 文学

J. 艺术

K. 历史、地理

N. 自然科学总论

O. 数理科学和化学

P. 天文学、地球科学

Q. 生物科学

R. 医药、卫生

S. 农业、林业

T. 工业技术

U. 交通运输

V. 航空、航天

X. 环境科学、安全科学

Z. 综合性图书

《中国图书馆分类法》的标记符号采用拉丁字母与阿拉伯数

字相结合的混合号码制。你到图书馆借阅图书时，只要掌握拉丁字母代表大类、阿拉伯数字代表类号，就能很快查找到自己需要的图书。

今天，因为电脑科技的普及，大都市里的图书馆已经全面电脑化，完全采用电脑目录查询系统。

因为各图书馆所使用的查询系统不尽相同，同时也为了更方便读者，通常这些图书馆的每一架电脑附近均会准备详细的系统操作使用说明书，一回生两回熟，很快你就会检索到你所需要的资料。

（3）图书馆的服务。

提供资料只是图书馆功能的一部分，你还可以进一步利用它的其他功能，图书馆对读者的服务主要有以下三种：

①外借阅览服务：提供各种馆藏资料以供读者借阅。

②情报咨询服务：解答读者有关图书馆利用及一般知识上的问题。

③宣传导读服务：图书馆经常举办各种活动，如各种讲座，一方面，增加读者对图书馆的了解；另一方面，教育读者，增进读者的见闻。

如果你想更深入认识图书馆，图书馆本身的情报咨询服务就能帮助你。

图书馆并非一个单向的资料库，而是互动的双向系统，多认识它，你就多一个资源。不论你从事哪个行业，都能从中获益。有学者甚至建议：为追求知识自然无须做一个图书馆专家，但对自己所去的图书馆却应该认识周详，结为知己，所以，要对图书馆内部的收藏、存放位置等都熟悉无误。

总而言之，一个人如果既树立"图书馆意识"，又掌握了利用图书馆的技巧，那么，他就会以图书馆为平台，开阔眼界，增长知识，把准时代脉搏，成长为一名大有作为的人。

掌握正确的阅读方法

当今社会是个文字信息十分密集的社会，一个人终身阅读，也读不完现有书刊的万分之一，因此要获得知识，掌握好正确的阅读方法是极其重要的。很多农民工朋友平时也喜欢阅读，下面就为大家介绍一些阅读方法：

（1）三步阅读法。第一步是很快地把一本书或一篇文章读完；第二步是慢慢地读，并注意它的结构；第三步是细细地一段一段地读，并加以理解、领会和吸收。这类方法适用于读文学作品。

（2）探测阅读法。一般是搜索某种资料和观点时运用这种方法。先看文章或书的总观点、标题、目录、序言等有提示性的信息，或翻到一些中心章节和段落，看作者的观点，来确定是否有必要进一步阅读。然后，对要阅读的材料进行试读，确定是否有阅读价值。

（3）不求甚解法。就是在阅读时，要分清主次，抓住重点，不贪多求全；做到去繁就简，去粗取精，独立思考。

（4）整体阅读法。即阅读整本书的方法。一是读序文，通过读序文初步了解全书；二是找要领，找出那些中心观点及有用的内容；三是作批注，即把自己的所思所想，即时写下来；四是写心得，看完书后，要作一番思考，把心得整理并写出来。

（5）学了就用法。也就是说，带着某种目的、为了某种需要去读，就会读得认真些。读了就去用，可以促进思考，强化记忆。

（6）宝塔式阅读法。这是一种阅读重要读物的方法。先从头到尾地看一遍，觉得自己喜欢的篇目，便做个记号；然后把做上记号的内容再看一次，从中选出自己最喜欢的；最后，对自己最喜欢的篇目反复阅读，使其变成自己的知识。

（7）交叉法。即自觉主动地对阅读的内容和方式进行变换的阅读方法，这样可以减轻疲劳，提高阅读效率。

（8）计字日诵法。这是欧阳修的读书法。即规定每天应熟读多少字，长期坚持。具体做法是：一是精选部分阅读书籍作为阅读材料；二是规定每天必须熟读多少字，多长时间读完一本书；三是对一些经典篇章或书必须背诵。

（9）默写阅读法。即拿到书或文章，先细看题目，闭上眼睛思考这个题目自己会怎样写，先写什么，后写什么，怎么收尾。然后再开始阅读，当发现和自己思路一样的地方，就快速浏览过去，看到和自己思路不一样的地方时，便认真读或牢记。

推荐一些阅读好书

书籍是人类文明的结晶。农民工朋友在工作之余，读一些好书，既可以陶冶情操，又可以拓宽知识面，充实自己，使自己的能力和素质更上一个层次。但天下的好书太多太多，没人能够读尽，也不需要每本书都去读，关键是我们要学会选择最适合自己的书来读。

下面为大家介绍一些国内外的文化名著，供大家参考选读。

1. 中国文化名著

（1）《论语》。《论语》是孔子及其弟子的言行辑录，被称为中国人的《圣经》。它一直是中国人的国学必读之书。该书以语录体的形式，汇聚了孔子关于政治、文化、历史、人生、哲学、宗教等问题的观点，对中华民族的心理素质及道德行为起到过重大影响，它的思想内容早已融入了我们民族的血液。《论语》行文质朴简练，自然无华，颇具生活哲理，闪烁着智慧的光芒，耐人寻味，是我们了解中国古代社会的一把钥匙。

（2）《史记》。《史记》是我国第一部纪传体通史，为汉代文学家、史学家司马迁所著。它从传说中的黄帝开始，一直写到汉武帝时期，记载了我国近3 000年的历史。全书共130篇，52万多字，是我国第一部规模宏大、贯通古今、内容广博的百科全书式的通史。其中资料来源有经传典籍，又有档案资料；有官方记录，又有民间口碑；有文字资料，还有实物依据。《史记》对我国后代传记文学以及小说、戏剧等的创作也都产生了巨大影响。它既是一部历史巨著，又是一部文学杰作，堪称世界文库中的瑰宝。

（3）《孙子兵法》。《孙子兵法》是中国古代军事名著，中国现存最早的兵书，为春秋末期孙武所著。该书总结了春秋末期及以前的作战经验，提示了战争的一些重要规律，包含着朴素的唯物论和辩证法思想，历来被称为"兵经"，历代军事家、政治家无不从中汲取养料，用于指导战争实践和发展军事理论，因而受到国内外的推崇。

(4)《三国演义》。《三国演义》是我国产生较早的一部著名的长篇历史演义小说，由罗贯中所著，是我国古代四大名著之一。本书通过描写蜀、吴、魏三国争雄的局面，塑造了刘备、关羽、张飞、诸葛亮、曹操、周瑜等一系列人物形象，体现了封建社会上层人物的政治军事斗争的尖锐性和复杂性，变化多端，惊心动魄。它丰富的哲理和高超的军事艺术，给后来的政治家和军事家以深刻的启迪。《三国演义》是一部包含着丰富的智慧和谋略的杰作，对各界各阶层的人的种种为人、处世、工作等，有难以估量的重大参考价值。

(5)《水浒传》。《水浒传》是长篇小说，我国古代四大名著之一，施耐庵作。作者是在《宣和遗事》及有关话本、故事的基础上，再创作而成。全书描写农民起义，塑造了李逵、武松、林冲、鲁智深等一系列梁山英雄好汉形象，揭露了当时的社会黑暗，批判了封建统治阶级的残暴和腐朽，故事情节曲折，语言生动有力，人物形象鲜明，具有高度的艺术感染力。

(6)《红楼梦》。《红楼梦》是我国古代四大名著之一，清代的曹雪芹作前 80 回，后 40 回被认为是高鹗所作。本书以贾、史、王、薛四大家族为背景，以贾宝玉、林黛玉的爱情悲剧为主要线索，描写了贾家宁、荣二府由盛到衰的过程，揭露了封建贵族的荒淫无耻、压迫人民的罪恶，反映了当时的社会矛盾。作品语言生动，塑造了一系列典型的艺术形象。小说规模宏大，结构严谨，具有高度的思想性和卓越的艺术成就，是我国古代长篇小说中现实主义的高峰。

(7)《西游记》。《西游记》是我国古代四大名著之一，吴承恩著，它的前 7 回，介绍孙悟空的出身；其余 93 回，是全书的主要部分，讲述唐僧、孙悟空师徒 4 人降妖伏魔、西天取经的故事。该书想象新奇，上天下地，出神入化，可说达到了登峰造极的地步。主要人物的性格也极为鲜明，而且读者面最宽，老少皆宜。《西游记》开辟了神魔长篇章回小说的新门类，书中将善意的嘲笑、辛辣的讽刺和严肃的批判，巧妙地结合的特点直接影响着讽刺小说的发展。此书是一部鼓舞人积极斗争、永不灰心、为达到目标而百折不挠的书。

（8）《曾国藩家书》。《曾国藩家书》由曾国藩所著。曾国藩是中国近代史上一位重要的历史人物，被称为晚清"第一名臣"。他整肃政风、倡学西洋，开启"同治中兴"，使大厦将倾的清王朝又苟延了 60 多年，其功业无人可以效仿，而他的著作和思想同样影响深远、泽惠后人。曾国藩的家书，共有 330 多封，是历史上家书保存下来最多的一个。全书分为治家类、修身类、劝学类、理财类、济世类、交友类、用人类、行军类、旅行类和杂务类共 10 大类。曾国藩的家庭教育指导思想中，有许多可取之处。诸如在教子弟读书、做学问、勤劳、俭朴、自立、有恒、修身、做官等方面，都继承和发扬了中华民族的传统美德。

（9）《毛泽东传》。由中共中央文献研究室出版，逄先知主持编写、金冲及主编的《毛泽东传》是国内出版的一部集学术性、权威性于一体的高水平的毛泽东生平、事业、思想的信史。该书主要依据是中央档案馆保存的毛泽东同志在新中国成立前的文稿、电报、书信、讲话记录和他所参加会议的大量记录；同时，参考了同毛泽东同志有过直接接触的同志的访问记录、回忆录和当时的报刊资料，是根据丰富而可靠的第一手资料，写出的比较翔实的信史。本书重点介绍了毛泽东由出生至新中国成立这一阶段的经历。这部长达 75 万字的《毛泽东传》发行后，在社会上产生了巨大的反响。

（10）《胡雪岩全传》。《胡雪岩全传》由台湾作家高阳所作。胡雪岩是中国晚清第一大豪商，他是中国历史上第一个与外国银行开展金融业务往来的人；第一个获清廷特赐二品顶戴、赏黄马褂、准紫禁城骑马的殊荣。该书从多方面介绍了胡雪岩这个"红顶商人"在官场、人际、处事、情感、商场、谋略等方面的处世为人之道。全书内容丰富，故事翔实，是一本难得的珍藏本。

（11）《呐喊》。《呐喊》是鲁迅 1918—1922 年所作的短篇小说的结集，共收录小说 15 篇，其中《狂人日记》、《孔乙己》、《阿Q正传》等文章都为鲁迅的代表作。当时正值"五四"革命精神高扬时期，作者创作小说意在描写"病态社会的不幸的人们"，并为新文化运动"呐喊"。作品真实地描绘了从辛亥革命到五四时期的社会生活，揭示了种种深层次的社会矛盾，对封建制度及陈腐的传统观念进行了深刻的剖析和彻底的否定，表现出对民族生存的浓重的忧患意识和对社会变革的强烈渴望。作品在艺术上，吸收和借鉴了外国小说的创作方法与表现手法，令人耳目一新。

（12）《雷雨》。《雷雨》是曹禺所作的第一部多幕长剧，写成于 1933 年，最初在 1934 年的《文学季刊》上发表。剧本在有限的时间和空间框架里，集中描写了周、鲁两个家庭的成员之间前后 30 年的复杂纠葛和由此形成的大悲剧，深刻地暴露了旧中国上流社会的历史罪恶。《雷雨》的出现，标志着我国话剧在创作上迈向成熟。这部剧作在中国文学史上被称为具有划时代意义的一面旗帜，并被定为中学与大学的必修课，这就足可证明它在文学史上的重要地位。

（13）《边城》。《边城》是沈从文的代表作。《边城》发表于 1934 年，小说描写了山城茶峒码头团总的两个儿子天保和傩送与摆渡人的外孙女翠翠的曲折爱情。该书以兼具抒情诗和小品文的优美笔触，表现自然、民风和人性的美，描绘了水边船上所见到的风物、人情，是一幅诗情浓郁的湘西风情画，充满牧歌情调和地方色彩，形成别具一格的抒情乡土小说。

（14）《四世同堂》。《四世同堂》是由老舍创作的长篇小说。全书分《惶惑》、《偷生》、《饥荒》3 部，共 100 万字，小说以北平小羊圈胡同祁家祖孙四代的活动为主线，辅以小羊圈胡同各色人等的荣辱浮沉、生死存亡，真实地记述了北平沦陷后的畸形世态，形象地描摹了日寇铁蹄下广大平民的悲惨遭遇、心灵震撼和反抗斗争，刻画出一系列栩栩如生的艺术形象，史诗般地展现了第二次世界大战期间，中国人民与世界人民一道反法西斯的伟大历程。全书如一幅巨大生活画卷，气势恢弘，读来令人荡气回肠，是一部感人的现实主义杰作。

（15）《围城》。《围城》是中国现代文学史上一部风格独特的讽刺小说，作者钱钟书。该书通过描写主人公方鸿渐与几位知识女性的情感、婚恋纠葛，及其由上海到内地城市的一路遭遇，刻画了抗战环境下中国一部分知识分子的彷徨和空虚。作者借小说人物之口解释"围城"的题义说：这是从法国的一句成语中引申而来的，即"被围困的城堡"，"城外的人想冲进来，城里的人想逃出来"。小说的整个情节，是知识界青年男女在爱情纠葛中的围困与逃离，而在更深的层次上，则是表现一部分知识者陷入精神"围城"的境遇。

（16）《冰心散文选》。冰心，我国著名诗人、小说家、散文家、翻译家，我国新文学的第一代开拓者，她的艺术成就曾得到许多作家的赞扬和肯定。冰心的散文是一个真善美同一的艺术世界，她赞美自然，讴歌自然，爱慕贤良，探索真理。清新婉丽，以情感人，是冰心散文的独特风格。她善于撷取生活中的片段，编织在自己的情感之中，凭着敏锐的观察和细密的情思，将情与景融合在一起，寓情于景，情景交融，给人以崇高真挚的审美感受。

当然，中国文化名著还有很多，如《诗经》、《楚辞》、《左传》、《孟子》、《梦溪笔谈》、《本草纲目》等，都具有很高的文学和艺术价值，都是中华民族的瑰宝。受篇幅的限制，在这里就不一一介绍了。

2. 外国文化名著

比较有名的外国文化作品有：《安娜·卡列尼娜》、《大卫·科波菲尔》、《莎士比亚全集》、《死魂灵》、《少年维特之烦恼》、《静静的顿河》、《唐璜》、《我是猫》、《一千零一夜》、《倾城之恋》、《昆虫记》、《小王子》、《钢铁是怎样炼成的》、《飘》、《国富论》、《老人与海》、《百年孤独》、《悲惨世界》、《红与黑》、《汤姆叔叔的小屋》、《战争论》、《君王论》、《全球通史》、《物种起源》、《圣经》、《我与地坛》、《我的精神家园》、《伊索寓言》、《日瓦戈医生》、《瓦尔登湖》、《苏菲的世界》、《罪与罚》、《复活》、《神曲》、《茶花女》、《简·爱》、《欧也妮·葛朗台》、《吉檀迦利》、《变形记》、《牛虻》等。

第六章　同创共赢，共享繁荣市场

怎样才能成为一个真正的城里人

很多在城市务工的人都希望自己能成为一个真正的城里人，从而摆脱祖祖辈辈"面朝黄土背朝天"的命运。城里人有城里人的生活习性，城里人有城里人的显著特征，要想成为真正的城里人，需要把握好以下几个条件：

（1）要在城里有长期、稳定的工作。这是农民变成城里人的前提条件。只有在城里有长期稳定的工作，才能有稳定的收入和生活来源，才能在城市里长期生活下去。

（2）要在城里有自己的住房。住房就是构成"家"的基本物质前提。住房是自己的，就会很自然感觉到自己在城市"安家"了，才会有家的感觉。

（3）生活方式的改变。这种变化是随着职业和生活环境的变化而潜移默化地发生的。比如"日出而作，日落而息"要改变为按钟点上下班；逢年过节的大吃大喝改变为周末的日常伙食改善；十天半月去赶集买货变成随时可以去逛商场；业余生活打扑克搓麻将变为去公园、文化馆或者电影院等。

（4）思想观念的改变。外在的生活环境和生活方式的变化，与内在的思想观念的变化是相互影响的。要想成为一个真正的城里人，就要在思想观念上实现脱胎换骨的转变，在人生的发展、信仰、婚姻观念、伦理道德观念、公德意识、市场意识等方面都要有新的变化，相信科学，依靠法律维护自己的权益等，这样才能成为一个真正的城里人。

（5）户口的改变。户口的改变，仅仅是成为城里人的一种标志，但是在我国目前的户籍制度下，这种标志还是非常必要和重要的。从目前的实际情况来看，通过个人的努力取得城市户口有这样几种途径：

①通过个人努力学习，取得大学、硕士或者更高的学历，现在很多城市都不限制这些具备一定学历的人才进城落户。

②通过婚姻关系，嫁给城里人或娶个城里的老婆，可以享受进城落户的优惠，但并不是每个人都适合走这条路，个人的婚姻还是要以幸福为前提。

③通过在城市投资或购房，这需要具备一定的资金实力和个人能力。

有些城市正在逐步放开户籍限制，从户籍制度发展的趋势来看，农民成为城里人将会越来越容易。

从目前的形势来说，打工者在城市安家立业虽然是可能的，但是却面临着很多阻力因素，这些阻力因素主要来源于这样几个方面：一是在城市里有一个长期的住所困难很大，因为城市的房价都比较高，大都超出了打工者的承受范围；二是户口限制，这是我国长期的户籍制度造成的结果；三是在城市里找到一份长久稳定的工作也很难，很多打工者的工作都是短期的，而且风险很大；四是即使在城市中安家立业了，子女的教育和医疗也会受到户口限制。从我国目前的形势来看，要克服这些阻力因素还需要长期的努力。

客观地说，打工者确实为城市做了很大的贡献，但城市不能接纳所有的打工者，只有那些刻苦努力、勤于思考、懂得如何寻找机会和把握机会的人，才能克服所有的阻力，在城市安家立业。

在现实生活中，由于每个人的情况不同，可能要做出不同的选择。因此，每个人可以根据自己的情况，认真考虑，谨慎地做出选择。

如何策划你的人生

在城市打工的人，有些人能够事业有成、生活幸福，有些人却无论怎么努力，都是穷困潦倒，难以在城市立足。究其原因，是否懂得策划人生是一个重要的因素。人生就像一盘棋，要有谋划、有远见，才能把棋下好，这里的谋划就是策划的意思。如果人生策划得好，不仅可以扬长避短，少走弯路，还可以挖掘自己的潜力，更快地走向成功。

一个人一生中有三关：学业、事业、婚姻。谁都喜欢这样的人生：在学校学习成绩好，走上社会后事业成功，能找到一个好的伴侣，有一个美满的婚姻。但生活中真正"三关"都顺畅的人并不多，甚至很少。有些人学业有成，但事业上却并不顺利；有些人事业成功，婚姻生活却不美满。这类例子很多，其中的关键就是看你的人生是怎么策划的。

要策划好自己，首先需对自己有一个清楚的认识，比如你的性格是怎样的：外向或内向？自信或自卑？勇敢或怯弱？偏激或平和？乐观或悲观？你有哪些天赋：记忆力强弱？智商高低？创造力强弱？是否有某些特殊技能：一副好嗓子、喜欢体育运动、能吹会弹、喜欢跳舞、绘画、擅长表演等。有了对自己准确的认识，策划起来就不难了。

先说学业。如果你很聪明，也喜欢学习。那么即使你在城市打工，你也要利用你的优势，尽量多读书，现在自学的途径很多，你应该想办法读到较高的学历。如果你不喜欢读书，那你就没必要勉强自己在那里苦苦地攻读学位。还不如将时间、财力和精力早早地投身别处，争取别的方面的成功。如果你具有某种特殊技能，你不妨在工作之余进行一些专业训练，说不定会找到施展你才能的机会，照样前途光明。

从某种程度上说，学业只不过是手段，事业才是目的。出来打工的人，最终目的也是希望事业成功。事业牵涉的不仅是你的技能、专业问题，有很多工作都牵涉人际关系问题。也就是说，如果你不会处理好人际关系，也许你工作起来就不那么得心应手。有研究证明，性格在一个人的事业中占有更大的比重。此外，一个人事业成功与否更重要的是看他是否选对了专业，如果一个人智商很高，生性聪明，富有钻研精神，但性格内向、腼腆，如果他学会某种技能的话，可能会有不少成果，但如果选择管理工作来追求的话，事业自然不容易成功。如果你具有某种性格优势，比如你能言善辩，口才极佳，又喜交际，善谋划，那么，你可以选择去做营销、公关类工作，如果要强迫自己去学门专业技术的话，可能也难得有所成就。选专业的要领是随着自己的兴趣走，而不是去赶时髦，选热门专业。

　　人生的第三关是婚姻。幸福的婚姻往往是事业的助推剂，但幸福的婚姻往往却不容易寻觅到，关于这点，很多人深有体会。因此，要选择一个美满的婚姻，不能不慎之又慎。现代的农村青年，在婚恋问题上，不能盲目地接受城市的开放思想，应该有自己的看法和思想，婚姻是大事，要多方考虑，在决定婚姻大事时要及时告知父母、亲戚或朋友。

如何协调理想和现实的矛盾

　　走出家乡，在城市开始打工生活，免不了有很多苦恼和不如意的地方，很多时候都觉得和想象的城市打工生活相差太远。常常听到有人会发这样的牢骚："为什么老天爷这么不公平？""人跟人之间的关系怎么会这样？"除此之外，在外打工的人可能还会有一种失落感，出门时豪情万丈，期待自己出来后能有一番作为，但是到了城市却发现处处不尽如人意，不仅没法"干一番大事业"，甚至连找一份吃饭的工作都很难。面对理想与现实的这种冲突，我们应该怎么办？

　　人的一生不可能是一帆风顺的，要成长为一个独立的、有成就的成年人，难免会经历一些坎坷不平的道路，甚至是跌倒，这是一种成长的压力。我们进城以后面临的各种处境，就是一种压力，这也是考验和磨炼我们的机会。在这些压力面前，如果我们屈服了，那么就不会有什么"成功"、"事业"可言了；如果我们能够逐渐地认识自己，适应新的环境，摆正自己在社会中的位置，化压力为动力，那么我们就会成为被社会接纳的人，在社会中寻找到自己恰当的位置，成功的事业和人生就等于有了一个良好的开端。

我们必须认识到，所谓理想和现实的矛盾，其实是个人与社会的冲突。这个社会就是我们所看到的这样，我们一个人的力量无法改变它，只能去适应它。因此，不如先反省自己身上的一些不适应环境的东西，改变自己性格中的一些因素，去适应这个社会。比如，在农村，我们常常讲"父债子还"是合乎情理的事，但这确实是不合法的，法律没有规定父亲欠的债要儿子来还。我们的一切行为都要遵守法律，而不是"情理"。

在务工的过程中，我们要学会适应各种变化，无论是初到异乡的艰苦和孤独，还是工作中遇到挫折的痛苦，感情上遇到危机的折磨，都要勇敢地去面对，绝不能怨天尤人。面对一些无法解决的心理困惑，还可以向自己的朋友、家人倾诉，以减轻我们心理上的压力，帮助我们解决困难。

减轻压力的 10 种简易方法

压力是我们对任何一种刺激（身体上、精神上或内在情绪及外部情绪上）的反应，它使人感到烦恼。在城市生活的人，由于生活节奏比较快，时常会感到紧张，有压力。而在城市打工的人，因为他们来城市打工的目标往往是多重的，既要养家糊口，又想成才，想事业有成，想成为城市的一员等，他们的压力更重。当压力很大时，就会产生疾病，比较常见的疾病是心脏病、高血压和癌症，这些疾病大多与压力和环境有关。同时，压力太大，如果不懂得释放，人就会变得烦躁、抑郁、厌倦等，这些对个人的成长和发展是有极大的危害的。

要有效地减轻压力，首先要知道压力的来源，是来自你自己还是来自你所处的环境，然后就要有计划地采取一定的措施来减轻压力。以下是帮助你减轻压力的 10 种方法：

（1）早起。在别人（或你的家人）醒来前 1 小时起床，做好 1 天的准备工作。

（2）同你的家人、老乡、朋友和同事共同分享工作的快乐。

（3）要多休息（有可能的话可以每 10 分钟休息一次），从而使头脑清醒，呼吸通畅。

（4）利用空闲时间锻炼身体。

（5）不要急切地、过多地表现自己，特别是在工作中。

（6）时常提醒自己任何事不可能都是尽善尽美的。

（7）学会说"不"，不要揽太多的事在身上，学会拒绝别人的要求，不要什么都答应，最后却令自己喘不过气来。

（8）生活中的顾虑不要太多，懂得放弃，一切顺其自然。

（9）使用一些简单的松弛方法保持心境平静。例如，听听音乐，或到处走走，甚至可以运用想象力，幻想自己在沙滩漫步，将自己抽离现实环境，让身心放松。

（10）培养豁达的心胸。尽管不太富裕，但在条件许可的情况下可以偶尔奢侈一回。

成才的九大心理障碍

来城市打工的人，都是不满足于现状的人，他们当中有很大一部分人渴望自己能成为社会的有用之才。但成为社会的有用之才，必须要具备一些基本的素养，如果你是以下类型的人，就应该需要注意了，因为你在成才的道路上可能有了障碍。

（1）理想型。沉浸在理想王国里，眼高手低，不愿脚踏实地地干平凡的工作。这山望着那山高，一件事没有做完，又想到第二件事，不切实际。

（2）自卑型。自以为事事不如人，受到冷遇更受不了，总觉自己与城里人格格不入，甚至终日郁郁寡欢，自暴自弃。

（3）封闭型。有些人意识到自己的遭遇、思想情感与别人不同，又难以得到别人的理解，所以他们倾向于把自我体验封闭在内心，而不愿向他人倾诉或者表白。

（4）失意型。失意，是当下的期望不能实现，某种需要得不到满足时所感到沮丧的心理体验。比如，想找个待遇较好的工作，可一时又难以找到，这时会使人产生不正常的情绪，比如对社会的不满情绪，自卑心理等。

（5）嫉妒型。有这种心理的人，不但有碍于别人，而且害己，对成长是极为有害的。

（6）怯懦型。这种心理的人过于谨慎，小心翼翼，常多疑多虑，犹豫不决，一旦遇到挫折就退缩，不想有所作为。有这种心理的人一般都比较脆弱，无所谓创新，更难以成才。

（7）情绪型。有两种情绪既是正常的，但又是容易产生不良影响的。一是容易动情、喜悦、激动和振奋；二是容易悲观、消沉、忧愁和苦闷，特别是青年人很多是属于这种类型的。

（8）习惯型。习惯的形成，一是自身养成的，二是传统影响的。农民工在农村长期生活，容易形成节奏缓慢，求稳怕乱，安于现状等保守的心理习惯，于是就会出现这种妨碍人才成长的不良习惯。

（9）厌倦型。一旦遇到波折、困难或不顺心的事，都要抱怨他人，感叹自己"怀才不遇"，牢骚满腹，对生活失去信心，对美好的东西失去追求。这种心理磨损人的自信心，是成才的一个致命伤。

如何战胜自卑

在城市打工的农民朋友，受学历、身份、职业等方面的影响，往往容易产生自卑的心理，这是妨碍农民工在城市创业发展的重要心理障碍。下面介绍如何消除自卑心理的几种办法：

（1）全面了解自己，正确评价自己。你不妨将自己的兴趣、嗜好、能力和特长全部列出来，哪怕是很细微的东西也不要忽略，然后再和其他同龄人作一比较。通过全面、辩证地看待自身情况和外部世界，认识到凡人都不可能十全十美，人的价值主要体现在通过自己的努力，达到力所能及的目标。有了这样的认识，自信心就会大大增强。

（2）转移注意力。一个人既不可能十全十美也不可能一无是处。不要老关注自己的弱项和失败，而应将注意力和精力转移到自己最感兴趣，也最擅长的事情上去，从中获得乐趣与成就感，这些将强化你的自信，驱散你自卑的阴影，缓解你的心理压力和紧张。

（3）对自己的自卑进行心理分析。这种方法可在心理医生的帮助下进行。具体做法就是通过自由联想和对早期经历的回忆，分析找出导致自卑心态的深层原因，并让自己明白自卑是因为某些早期经历而形成的，与自己的现实情况无关，因而是没有必要的。这样可以从根本上瓦解自卑情绪。

（4）用行动证明自己的能力与价值。其实，看一个人有没有价值，根本用不着进行什么深奥的思考，也用不着问别人，有人需要你，你就有价值；你能做事，你就有价值；你能做成多大的事，你就有多大的价值。因此，你可先选择一件自己较有把握也较有意义的事情去做，做成之后，再去找一个目标。这样，你可不断收获成功的喜悦，又在成功的喜悦中不断走向更高的目标。每一次成功都将强化你的自信心，弱化你的自卑感，当你切切实实感觉到自己能干成一些事情时，你还有什么理由怀疑自己的价值呢？

（5）从另一个方面弥补自己的弱点。一个人在这方面有缺陷，可从另一方面谋求发展。一个身材矮小或过于肥胖的人，可能当不成模特和仪仗队员，可是这世界上对身材没有苛刻要求的工作多的是。一个人只要有了积极的心态，扬长避短，将自己的缺陷转化为自强不息的力量，就能获得超常的发展，最终成为生活的强者。这方面的事例数不胜数，如身材矮小的拿破仑、下肢瘫痪的罗斯福等，这些人都有自身缺陷，但他们经过奋斗之后，都成了成功人士。

创业者应具备哪些基本品质

一个成功的创业者，往往具备良好的个人品德情操和基本修养，也就是这里所说的"品质"。以下是创业者应具有的基本品质，它适用于一切创业者，可以为农民工创业所借鉴。

（1）诚实和谦虚。中华民族的美德是诚实和谦虚，在这样一个国家里创业，只有诚实和谦虚才能使别人产生对创业者的信任。

（2）克制和忍耐。克制力和忍耐力是衡量一个人有没有坚强意志的标志。我国古代韩信"忍胯下三辱而长志"，终于完成了一代春秋大业。而如果缺少这样东西，势必经常发脾气，而发脾气又使人丧失理智，会弄得人际关系紧张，影响工作，甚至可能导致创业的失败。要想创业成功，必须要主动地强迫自己去干自己最不想做的事情，而这往往是你最需要的。

（3）热情和责任感。创业者是工厂、店铺或企业的核心，他对事业的热情必会感染职员，从而将各项工作搞得有声有色。同时，只有强烈的责任感和使命感，才能使创业者无论遇到什么样的困难，都有完成事业的决心。

（4）积极性和创造性。创业是一种需全身心投入的事，积极的态度才能使创业成功。在这个过程中，没有人会给创业者部署安排，没有人会给创业者决策计划，面临困难、问题、危机，创业者只有积极去寻求解决办法，才能取得应有的创业效益。具有创造性的精神，才能让创业者发挥自己的潜能，打破各种条条框框，开创新的局面。

（5）公道正派。公道正派和对事业的无私，才能在创业者身上产生巨大的向心力和凝聚力。

（6）自信心。对于创业的成功，自信心是首要的。

成功创业者的心理特征

美国研究人员对一些取得成功的创业者进行了研究，归纳出他们取得成功的心理特征：

（1）自信。他们普遍都有很强的自信心，有时有咄咄逼人的感觉。

（2）急迫感。他们通常很急切地想知道做事的成效，他们信仰"时间就是金钱"，不喜欢也不会把宝贵的时间浪费在琐碎的无聊事情上。

（3）脚踏实地。他们做事实在，不会为了使自己舒服一点而马虎从事。

（4）崇高的理想。他们大都有着崇高的理想，为了实现个人理想，不会计较虚名。他们生活简单朴实，必要时常常身兼数职。

（5）情绪稳定。他们通常不喜形于色，也很少在别人面前抱怨、发牢骚。遇到困难时，他们总是努力去突破困境。

（6）喜欢迎接挑战。他们敢于承担风险，但并不是盲目地冒险。他们乐于接受挑战，并从克服困难中获得无穷乐趣。

（7）控制及指挥的欲望。他们通常喜欢按自己的意志行事，不习惯只听命于别人。如果你是一个唯唯诺诺、不吭一声的人，或只是一个"虽不喜欢公司的环境，但又没有勇气辞职自创前途"的人，那么你要成为创业者还有一段距离。

（8）超人的能力。他们能够从杂乱无章的事务中，整理出一套清晰的、合乎逻辑的构架来，有时候他们作决策时会全凭直觉。

（9）客观的人际关系态度。他们为了事业，在处理人际关系上往往是"冷酷无情"、"不顾情面"，给人以"大公无私"、"就事论事"的感觉。

农民工朋友们，对照上面所陈述的，你在心理上具备了这些素质吗？如果你想创业，请把这些特征作为自己的座右铭吧，并且在日常的工作和学习中注意培养自己的这些素质，争取早日成为成功的创业者。

创业致富九大法宝

在城市打工的农民，没有不想致富的，但致富并不是空想得来的，而是要通过实际行动来争取的，下面为大家介绍几招，也许对你的创业致富有所帮助。

（1）一旦有赚钱的念头就马上一步一个脚印去做，要付诸行动，敢于碰，善于磨，只有这样才能抓住机会。

（2）单调地上下班，把固定的工资存入银行，年复一年，到头来只是有限的少许积蓄。想致富，就要自己创业，而且目标要水涨船高，选定 10 万元、20 万元，再是 100 万元、500 万元……

（3）不安于现状，不断地进取。许多人刚开始创业时，挣扎奋斗，但前途稍露曙光后，便自鸣得意，开始松懈，于是失败立刻追踪而至，有的甚至跌倒后，再也爬不起来。

（4）多动脑筋，超越常理，出奇制胜。"鬼点子"越多，越能赚钱。

（5）想发财就要不怕羞，当你在大街小巷推销产品时，不要怕被人瞧不起。

（6）对自己充满信心，便能发挥你最大的潜力。

（7）赚钱要有创意。"第一个做的是天才，第二个做的是庸才，第三个以后做的便是蠢才。"所以，创业的第一要诀就是眼光独到，想别人未想到的事业。

（8）成功的创业者都是爽快的人，个性豪爽，干净利落，不拖泥带水，把握时机，当机立断。

（9）多听经验丰富的知己好友的建议。

怎样积累资金

要想事业发展顺利，自己就必须拥有相当的资金，这是创业者首先必须具备的经济观念。作为农民工来说，要想拥有一定量的资金，就需要学会正确理财。有人认为，理财是富人的事儿，像我们这样打工的人还需要理什么财？其实有不少人一生下来就家境贫寒，但后来却出现两种不同的情况：一部分人通过投资、理财，经济状况越来越好，过上了富裕的日子；另一部分人却不懂得如果理财，坐等机会，终生在贫困线上挣扎，更谈不上个人发展了。因此，理财不是富人的专利，不论贫富，理财都是伴随人生的大事，越穷的人就越输不起，对理财更要严肃而谨慎地去看待，只要你想有所发展，特别是想通过创业来达到自己的目标，那么即使是一个贫困的农民工，也要懂得如何理财。

农民工理财应从开源、节流起步，即一方面要争取资金收入，扩大财源；另一方面要计划消费、预算开支，要做到：

（1）定时存款。每月领到工资后要做的第一件事，就是根据这个月的开支（包括应寄回家的钱）作一个大概的估计，然后将本月该开支的数目从工资中扣除，剩下的部分存入银行。

（2）计划采购。每月都要对自己该采购的东西作一次认真仔细的清点，如服装、日用品等，并用一个专用本子记上，然后到已经了解过行情的市场，按计划进行采购。这样就不会盲目买东西，同时还能改掉乱花钱的不良习惯。

（3）注意养成勤俭节约的习惯。这是减少日常开支的一个重要环节，比如使用一些节能、节水设施等。其实，日常生活中很多费用是不需要开支的，这些钱看起来不起眼，但长年累月坚持下来，可是一大笔钱！例如，到餐厅里去吃喝十分花钱，自己做菜就可以节省好大一笔费用。

（4）压缩人情消费的开支。现在的社会，人情消费的花样很多，但要掌握适当、适量、适度的原则。如果自己有事需要请客，规模应越小越好，一来自己不铺张浪费，二来也减少了亲朋好友的支出负担，还减少了自己的人情债。

（5）延缓损耗性开支。任何物品只要勤于护理总可以延长寿命，提高其使用率，这无形之中就等于减少了因过早更换而增大的开支。所以，对电脑、音响、电视机、电冰箱、洗衣机等大件家电以及自行车、摩托车等交通工具应加强护理，以延长物品的使用寿命。

哪些性格的人不适合创业

人的性格丰富多样，有活泼的、有抑郁的等。性格可以主导人生，人也可以改变性格，创业需要哪些性格的人，哪些人不适合创业？这些应该得到那些想创业的农民工的重视。以下性格的人是不太适合创业的：

（1）缺少职业意识的人。职业意识是人们对所从事职业的认同，它可以最大限度地激发人的活力和创造力，是敬业爱业的前提。而一些在城市打工的人却对所从事的工作缺少职业意识，对工作并不热心，只满足于机械地完成自己分内的工作，对自己要求不高，缺少进取心，工作中缺少积极主动性。这与激烈的竞争环境是不相宜的。

（2）优越感过强的人。这些人自恃有某种技能或本领，我行我素，脱离集体，与集体的关系难以融洽。

（3）只会说"是"的人。只会说"是"的人，往往缺少独立性、主动性和创造性，只知道因循守旧，难以开拓性地工作，对创业不利。

（4）偷懒的人。从工作中就可以看出：他们付出的劳动与工资不相符，空闲时间过多，只会发牢骚、闲聊，每天晃来晃去，浪费时间，影响工作。

（5）片面与傲慢的人。有的人只注意别人的缺点，看不到别人的优点，或明知别人的缺点，却不能向好的方面引导。有的人喜欢贬低别人，抬高自己，总认为自己是最强者，搞自我本位，搞自我中心，人格方面存在很大的缺陷。这两种人弱点明显，即使有能力，也可能会无法使创业成功。

（6）僵化死板的人。这种人做事缺少灵活性，对任何事都只凭经验教条处理，不能灵活应对。习惯于将惯例当成金科玉律，不能适应迅速变化的形势和环境。

（7）感情用事的人。处理任何事情都要理智，感情用事者往往以感情代替原则，想如何干就如何干，不能用理智自我控制。这样极易造成盲目性投资，使创业失败。

（8）"多嘴多舌"与"固执己见"的人。多嘴多舌的人，不管什么事，他们都插话说几句；"固执己见"者，从不倾听别人的意见。不过，要把这两种人与有自己独立见解、坚持正确意见的人区别开来。

（9）虚伪的人。这种人表里不一，表面上恭维人，待人非常礼貌客气，内心却完全相反，看不起别人，背地里我行我素，这种人难以得到别人的信任，是不适合创业的。

你适合创业吗

为何你有创业的欲望？你真的想为自己工作吗？走上创业这条路一定要有正当的理由，要能满足市场的需求。自己创业确实让很多农民工找到了出路，实现了理想，可是对另一些人却往往导致破产、精神崩溃乃至走上自我毁灭的不归路。因此，在创业之前你必须了解是否具备成功的条件，否则，盲目地创业，往往会使你血本无归。

当你确定自己具备了基本的创业条件（如品质、钱、管理能力等）后，也不必急着马上走上创业这条路，还必须先评估一下自己的创业计划是否可行。事先你可以考虑以下这些问题：

（1）能否用语言清晰地描述出你的创业构想。想法必须明确，用很少的文字将你的想法描述出来。根据成功者的经验，不能将这些想法变成自己的语言的原因大概是因为——你还没有仔细地思考吧!

（2）真正了解你所从事的行业吗？许多行业都要求创业者有从事过这个行业的经验，并对其行业内的方方面面有所了解。否则，你就得花费很多时间和精力去调查那些比如价格、销售、管理费用、行业标准、竞争优势等因素。无论怎样，你都必须确认你对将从事的行业有比较深入的了解。

（3）你看过别人使用过这种方法吗？一般来说，一些经营红火的工厂或企业的经营方法比那些特殊的想法更具有现实性。在有经验的企业家中流行这样一句名言："还没有被实施的好主意往往可能实施不了。"因此，当你在决定你的某种经营方法时，不要热衷于那些奇特的怪异的方法。

（4）你的想法经得起时间考验吗？当未来的企业家的某项计划真正得以实施时，他会感到由衷的兴奋，但过了一个星期、一个月甚至半年之后，将是什么情况？它还那么令人兴奋吗？或许已经有了完全不同的另外一个想法来代替它。

（5）你的设想是为自己还是为别人？你是否打算在今后五年或更长时间内，全身心地投入到这个计划的实施中去？要知道，没有坚强的意志，创业往往是难以成功的。

（6）你有没有一个好的人际关系网络？创业的过程中，你不可避免地要和供应商、承包商、顾客、员工等人打交道。因此，你应该有一个服务于你的个人关系网。否则，你会困难重重。

（7）明白什么是潜在的回报。每个投资创业的人，其最主要的目的就是赚最多的钱。可是，在尽快致富的设想中隐含的绝不仅仅是钱，还要考虑成就感、爱、价值感等，这就是潜在回报，是人生价值的一部分。如果没有这些，那就必须重新制订你的计划。

经过自我分析后证明适合创业，同时也能正确回答上述的几个问题，那么你创业成功的胜算将会很高，可以决定着手去创业。但是创业也并不是一时冲动所决定的，如果创业前举棋不定，最好还是选择工作这条路。因为，尽管现在有机会创业，方向不错，想法也很棒，但是综合考虑市场状况、个人经济能力或家庭等因素，现在也许还不是你创业的好时机。

总之，创业必须要有相当的竞争力，而且只有自己才能决定怎么做才最恰当。成事不易，创业更难。选择创业这条路，肯定会憧憬成功的景象，而不会想到万一失败的问题——因为一开始就想到失败，未免太消极也太不吉利了。然而，往坏处打算尽管令人不愉快，却是创业之初应该考虑清楚的。

选择创业行业的诀窍

一个有创业意向的人，在创业之初，常常会问：我该从事哪一行业？

常常有这样的情况，那些在大机构做中上职位的人，收入固定，且一般有教育基础，较懂得钱滚钱的投资手法，通常这类人较有闲散资金，但往往这类人的资金还不足以开大公司，而对一些小本经营，通常又缺乏兴趣。另一类人，也就是我们这些在城市打工的农民工，通常对某个行业较熟，或者有一定的技术基础，但是通常缺乏资金，又不一定能够处理很多财务上的问题。

所以说，这两类人通常可以合作。例如，立志创业的农民工们，对某一行业比较熟悉，想做这一行业的老板，便可通过亲友的关系，拉拢有闲资的人入股。

有一部分农民创业者，求财心切，为了想做创业者，而放弃自己比较熟悉的或者有一技之长的行业，投身另一行业，此种情况是比较危险的。因为创业一开始，便有开支，不管能否赚钱也必须负担。开始的创业资金未必可以应付得那么长久，很多小本创业者便是在一种还未摸透某一行业的情况下，宣布结业失败的。

所以，真正想创业，又希望比较有把握的话，一定要对某一行业越熟悉越好，不要光凭想象、冲动、理念做事。若真正立志要投身一项事业，不妨辞去现有工作，在想要创业的行业做一年半载，摸清摸熟行情再开业也不迟。虽然这比较花时间，但总比开业后冤枉花钱好。

很多人是因为对一门专业技术比较熟悉，因而萌发自立门户的想法。但要注意的是，不是每一行业都可小本创业，也不是每一行业都正处于创业的最佳时机。若心目中有一门事业认为可供发展，应该大胆付诸实行。而付诸实行的步骤不是立即开业，而是先做资料收集和各项准备工作。创业者的准备工作若做得充足，信心、冲劲自然较高；反之则容易泄气。

如何做好创业准备工作

当今时代，人们的就业观念已经发生了深刻的变化，自主择业、自己创业已成为许多有识之士包括大量的农村青年实现自身人生价值的最佳选择。可以预见，随着我国社会主义市场经济的不断完善，会有越来越多的人走上创业之路。

创业即自己开创事业，是个人在充分考虑自身条件、经过周密的市场调查和准备后开办小商店、小工厂、小服务部等的过程。创业犹如打仗，存在一定的风险，只有"知己知彼"，才能"百战不殆"。创业准备一般包括自身条件准备、创业项目确定和创业条件准备三个方面。

第一，自身条件准备。并不是每一个人都适合创业，也并非每一个创业者都能成功！要想创业成功，创业者（或称为老板、经理、厂长等）首先自身需要具备相关的条件，这些条件包括：

（1）了解自己是否具有创业意向。

（2）明确自己的创业目标。

（3）分析自己的职业心理特征。

（4）参加创业技能培训。

第二，创业项目选定。在分析自身条件和了解创业机会的基础上，创业者可以对创业项目作初步的选择，即选择创业的切入点。是办修理厂，还是办加工厂；是开美容美发中心，还是开服装店；是开商店，还是经营酒店；是个人独立经营，还是与人合作经营。选择的正确与否直接关系到创业的成败、兴衰。因此，创业者首先要对现阶段国家政策进行认真的学习，深刻地领会，明确哪些行业是鼓励发展的，哪些是加以限制的。所选项目一定要有发展前景，绝不能因短期利益驱动而贻误远大前程。然后，必须对所选的项目进行深入、细致、认真的市场调查。因为对创业项目的初步选择多半是凭自己的经验、兴趣、阅历和对社会的笼统认识而做出的，要全面了解其可行性、风险的大小、前景，还需要进行周密的市场调查。通过市场调查可以了解相关店铺或工厂、公司的营业面积、场地租金、员工薪酬、月营业额、利润、所需设备及设备价格等方面的信息；了解可能的顾客（客户）群体，了解他们可能的数量、分布、文化层次、消费水平及消费需求；了解自己的竞争对手，创业者应该清楚，在自己未来的经营范围内，有多少家同类型的小店、小厂、小公司，它们占据的市场份额有多大，它们的经营方式有什么特点，在哪些方面不能满足顾客的需求等。在此基础上，从技术和经济角度对所选项目进行评估、测算，最后确定切实可行的创业项目。

第三，创业条件准备。创业条件准备主要包括选择地址、筹措资金、办理手续。

选址要根据行业特点确定。生产、加工类创业项目的地址选择一般要考虑：①满足生产、加工需要。如种植要有土地，养殖要有水，建材加工要有场地。②交通便利。③租金可否承受。④员工的生活便利、安全等。如果想开商业店铺、餐馆、各种服务部选址时则要考虑：人口密度大而且流动性大，在闹市区或繁华地段，交通便利且易停车；在特定的场所（如学校、车站、医院等）附近；同行密集的地方。

筹集创业资金一般有两个渠道：一是自有的创业资金；二是银行贷款资金。银行贷款，希望贷给资本金与负债是1：1左右的企业，这样的企业抗风险能力和还债能力较强。个体、家庭经济资金的筹集比较简单，主要是自筹。合作创业，合作人共同出资筹办，要明确彼此间的权利和义务，明确合作者的出资额、出资方式以及各自承担的责任，共同经营，共担风险，共享盈利。

开店办厂办公司都要具有合法的经营资格，办理相应的手续，这些手续主要包括工商注册、税务登记、劳动用工、银行开户、各种行业相应的许可证等。其中，个体工商户和民营企业的工商注册一般要经历三个步骤：一是申请和受理；二是审查和核准；三是发照和公告。税务办理的步骤主要包括办理税务登记、办理纳税申报和办理纳税缴纳等手续。

创业有哪些经营方式可供选择

（1）自产自销。是指私营企业销售本企业生产的产品。这种经营方式的企业一般规模不大，多为一些手工业者，如鞋店、服装店等。多数是边生产、边销售。

（2）代购代销。是指用合同的形式，受人委托代为收购、销售的一种商业活动。这种经营方式灵活，经营范围比较广泛，多为农副产品，需要有一定的经营场地，经营者从中收取一定的手续费。代购代销的经营者要有信誉。

（3）来料加工、来样加工、来件装配。来料加工是以改变原材料、半成品的形状、性质、表面状况及用途，按要求加工成产品；来样加工是按订单的需要，依照图纸、订单的设计要求加工，产品成型后供给订货方；来件装配是以对方提供的零件，依据合同的要求组成产品。来料加工、来样加工、来件装配，无论采用哪种经营方式，创业者都必须与对方签订合同，明确双方的权利和义务。

（4）批发。商业活动中成批、大宗地售出商品，它的售价低于零售商品，销售对象是商品经营者、零售商，不直接销售给最终消费者。批发商品需要有一定的仓储设备、储运条件及较多资金。对于那些资金不太充裕的农民朋友来说，批发这种方式经营起来比较困难。

(5) 零售。是指成批、大宗地买进商品，零星分散卖出，销售对象多为最终消费者。

(6) 修理业。将损坏的器皿、设施、物品修复原状，或达到原有功能、用途。

(7) 运输业。分为客运和货运。因利用的运输工具不同，又分为非机动车运输或机动车运输、船舶运输、铁路运输、公路运输及水上运输。私营企业不能经营铁路运输。

(8) 咨询服务。咨询服务是近年来兴起的新行业。私营企业利用在某一领域掌握的科学技术知识，为顾客提供服务、经验、材料数据、设计等，使顾客在接受咨询中获取知识和利益。这需要创业者具有较高的科学文化素质。

创业者如何选定致富项目

好的开始是成功的一半。在寻找生财之道的时候，如何选准项目，避开陷阱，稳中求胜，是农民创业者值得慎重思考的问题。在选择创业项目的时候，要注意以下几个方面：

(1) 要适合自己。俗话说："隔行如隔山。"因此，应尽量选择与自己的专业、经验、兴趣、特长能挂得上钩的项目。

(2) 要选择具有独特资源优势的项目。俗话说："靠山吃山，靠水吃水。"创业者如果能慧眼独具，发掘自己身边特有的资源进行投资开发，往往容易成功。比如，在你的家乡，有某种独特的农产品，很适合城市人消费，你就可以从家乡收购到城市来卖。

　　（3）要看准所选项目或产品市场前景。产品的市场支持力、市场容量及自身接受能力对创业者来讲至关重要，要多考察当地市场，看看所选项目是否在当地有需求及靠自己的能力是否可以进入市场等。比如，随着人们生活水平的提高，养花养草开始受到城市居民的喜爱，而养花养草既有益身心健康，又是一种良好的休闲方式。这时，你就可以考虑开一个花店，或者开办有关花草种子、技术服务等企业。

　　（4）要选择目标市场非常明确的项目。针对某个特定消费群体，进行市场调研，投其所好，乘"需"而入，推出新产品或服务项目，往往能领先一步占领市场。比如，有一位女性朋友，非常喜欢漂亮的小饰物，她开了一个可以自己动手做首饰的店，目标群体是爱美的城市女子，年龄从 15～40 岁不等。最终，店子开得很成功，生意十分兴隆。

　　（5）要尽量选择潜力较大的项目来发展。选择项目不要光听别人说，尽挑一些目前最流行最赚钱的行业，没有经过任何评估，就一头扎进去。要知道，那些行业往往市场已饱和，就算还有一点空间，利润也不如早期大。

　　（6）要从实际出发，不贪大求全。瞄准某个项目时最好适量介入，以较少的投资来了解认识市场，等到自认为有把握时，再大量投入资金，放手一搏。

　　（7）要做到三个"万万不可"。在项目实施过程中，万万不可先交钱后办事，不要拿着自己的辛苦钱，仅凭一纸合同或协议，就轻易付给对方（供应商）；万万不可轻信对方的许诺，在签订合同时就应留一手，以防止对方有意违约给自己带来损失；万万不可求富心切，专门挑选轻而易举就能赚大钱的项目去干，越具有诱惑力的项目，往往风险也越大。

白手起家怎样创业

所谓白手起家，并不是说身无分文，空手打天下，而是指自有资金不多的人，通过运作达到创业致富的目的。很明显，我们农民工朋友有很大一部分属于"白手"，其实"白手"也可以致富，只要你努力达到了以下几方面的要求：

(1) 广泛的社会关系。白手起家的创业者因为自己没有资金实力，他们很难请到或请得起高水平的人才，也没有太多的钱用于广告或市场推广，所以创业初期的生意来源很大部分是靠社会关系，有了广泛的社会关系，产品或服务就有了一个好的渠道，可以快速而有效地完成最初的资金回笼和资金积累，从而为下一步做强做大打好基础。即便是没有什么社会关系而白手起家创业的人，在创业时，第一件要做的事就是去建立广泛的社会关系，让更多的人愿意帮助你。其实，处理好与客户的关系，就是在建立社会关系。

(2) 有预见性。对于白手起家的创业者来说，要想成功就要寻求一个好的项目或者产品。通常白手起家的创业者在选择产品或项目时，一般要考虑以下三点：一是该产品或项目要顺应社会发展的潮流；二是该产品或项目要与众不同；三是在推广该产品或项目时，不需要或只需要很少的市场启动资金。这就要求创业者要有一定的预见能力，能够把握好市场未来的发展趋势，从而找到并占领某一市场缝隙。否则，你根本无法与其他企业或产品在竞争中抗衡。

（3）良好的信誉和人品。白手起家的创业者，只有靠自己人格的魅力，才能吸引一批与你志同道合、愿意跟随你的人，因为你出不起高工资去招募合适人才。同时白手起家的创业者，由于经营规模较小，所以商业信誉度在人们看来不会很高，这时就要用创业者个人的信誉和人品来担保，只有这样，别人才愿意并敢于与你合作。顾客首先相信你这个人，才会相信你的产品。

（4）吃苦耐劳精神。市场经济就是竞争的经济，白手起家的创业者与财大气粗的竞争对手相比，找不出什么竞争优势，只能靠自己的吃苦耐劳精神，付出比竞争对手更多的努力和辛劳。多做一些工作，多奉献一些爱心，去感动你的客户，这才是最有力的竞争。白手起家的创业者一般都要事必躬亲、亲力亲为，所以你在创业之前就要做好充分的心理准备。人们说市场是抢来的而不是等来的，对白手起家的创业者来说，就更是如此。

投资的六大建议

决定将你创业的资金投入哪个项目，哪种商品，是一种投资决策，通过各种途径和方式筹到的资金只有投向最能盈利的地方，才能达到利润最大化，实现投资的目的。根据打工者一般筹集资金比较困难，创业资金不多，风险承受能力较弱等特征，建议在资金投向上应把握好以下六点：

（1）大型项目不如小型项目。运作大型项目，对资金需求量大，管理经营难度大，且资金回笼慢。而一般的投资者，只要是做民间性质的投资，就应该选择投资小见效快、技术难度系数低的投资方向。近年来，发展最快的民间投资项目种类千差万别，经营方式无奇不有，但上大项目的民间投资，特别是城市打工者的创业投资，却是寥寥无几。

（2）用品不如食品。民以食为天，中国人有闻名世界的饮食文化。千家万户的一日三餐、逢年过节、婚丧嫁娶，再加上每年数额巨大的公费吃喝，食品市场是十分庞大而持久不衰的，而且政府除了技术监督、卫生管理外，对食品的规模、品种、布局、结构，一般不予干涉。食品业投资可大可小，切入容易，选择余地大。所以，选择食品类项目远比选择用品类项目机会要多，风险要低。

（3）男性消费品不如女性消费品。有调查显示：家庭购买权70%以上是掌握在女性手中。女性不但执掌着大部分家庭的"财政大权"，而且相当部分商品是由女性直接消费的。时装、鞋帽、首饰、化妆品等，无一不是女性的世界。所以，你若在消费品领域投资，无论是生产还是销售，把你的客户定向女性，你就会发现更多的机会。

（4）大人消费品不如小孩消费品。小孩代表未来，在严格的计划生育政策下，独生子女户在我国已经越来越多，家长投向子女的消费支出占家庭消费支出的比例越来越大。因此，中国的儿童消费品市场是很大的。在零售食品、用品方面，很大一部分是儿童消费品的市场。儿童消费品市场弹性大，随机购买力强，加上容易受广告、情绪、环境的影响，向这种市场投资，是一种富有生命力的选择。尤其要看到，在我国，满足了小孩的需求，在很大程度上就是满足了他们父母的需求。

（5）综合不如专业。品种丰富，大众买卖，这已经是一般投资者的思维定势，但在微观领域综合类商品投资日趋饱满的情况下，创业往往要靠专业化来取胜。比如，在你的店里什么质量的衣服都卖，还不如只卖一类质量的衣服；从外衣到内衣什么衣服都卖，不如只卖其中的一种。专业化生产和商品买卖容易形成技术特色和批量经营，厂商有竞争的环境，用户有较大的选择余地。

（6）新建不如租赁。购买设备，招聘员工，这是创业一开始就要做的事情，但投资不一定都要从头开始。有许多投资项目可以利用现成的人才、设备、厂房、门面等，从而可以缩短投资周期，节省资金。有统计资料表明，对现有项目进行技术改造，比完全的新建项目资金消耗要减少1/3，原材料和时间消耗要节约1/2。实现这种效果的有效投资方式就是租赁。可通过向技术、设备、建筑物等经济资源的所有者交付一定的租金，从而取得这些资源条件的经营管理权。比如，你买个空门面经营，不如买下别人正在做的门面经营。

少投资也可以挣钱的项目有哪些

如果你的手头有一些积蓄，并打算用这些积蓄作为投资，做一点小生意，那么这里将介绍一些投资少并能赚钱的行业，以供大家参考。

（1）旧书专营店。许多城市家庭由于住房拥挤，或者是搬新居，便将家中很多书刊当作废品卖掉。这时你可以上门收购这些旧书，其中很多书因为不再出版成为难得的珍贵书刊。然后开设一个专门卖旧书报的小店，将收购来的图书卖给特别需要的顾客，同时也可以兼营书籍出租业务，收取一定的租金。

（2）开办小吃店。可以到某个小区，租下一个小店面，稍作装修，购买一些家当，小吃店就可以开张了。这是个投资不大，又好经营的项目。

（3）开办理发店。虽然现在美容美发的店铺极多，仍有许多人喜欢到一些小的理发店理发，比如老人、小孩和收入不高的青年以及许多外地来的打工者，一般都选择这种小店。所以，只要有这方面的技艺，待人热情诚恳，那么租间小面积的店面，添置些必要的工具，就可以营业了。

（4）开办鲜花店。在现代城镇中，很多人都用鲜花作为礼物。生日、节日、婚礼、聚会甚至探望病人，都要送束赏心悦目的鲜花，而这类店铺的开设并不需要多高的投入。

（5）开办杂货店。有些大城镇的居民区和商业区距离相当远，人们有时不得不为了一点小小的东西就跑一趟商场，这样既浪费时间，又浪费金钱。所以，找准位置，开一个小杂货店，出售一些日常必需品，也是个投资少、收入较好的职业。

除此之外，成立小型的搬家公司、中介服务公司，或者办社区托儿所、洗衣店等都是投资少、见效快的创业项目。

生 意 经

在市场经济大潮中，买卖经营都是有规律的，有人通过探索和研究，编写了14条有关做生意的注意事项，现介绍给想创业或正在创业的农民朋友们，供大家参考借鉴。

生意要勤快，切勿懒惰。懒惰则百俱废。

价格要定明，切勿含糊。含糊则争执多。

用度要节俭，切勿奢华。奢华则钱财竭。

赊欠要识人，切勿滥出。滥出则血本亏。

货物要百验，切勿滥入。滥入则货价减。

出入要谨慎，切勿潦草。潦草则错误多。

用人要方正，切勿歪斜。歪斜则托付难。

优劣要细分，切勿混缴。混缴则耗用大。

货物要休整，切勿散漫。散漫则查点难。

期限要约定，切勿马虎。马虎则失信用。

买卖要随时，切勿拖延。拖延则失良机。

钱财要明慎，切勿糊涂。糊涂则弊端生。

临事要尽责，切勿妄托。妄托则受害大。

账目要稽查，切勿懈怠。懈怠则资本滞。

成功人生的 10 个故事

有很多人去听一位哲学家讲授人生成功的秘诀，结果那位哲学家给每位听众一本小册子，上面有 10 个寓言故事，人们看了以后，都觉得受益匪浅。在这里，将这 10 个故事介绍给农民工朋友们，也许对你会有所启发。

(1) 雄鹰的故事。

一个人在高山之巅的鹰巢里，抓到了一只幼鹰，他把幼鹰带回家，养在鸡笼里。这只幼鹰和鸡一起啄食、嬉闹和休息。它以为自己是一只鸡。

这只鹰渐渐长大，羽翼丰满了，主人想把它训练成猎鹰，可是由于终日和鸡混在一起，它已经变得和鸡完全一样，根本没有飞的愿望了。

主人试了各种办法，都没有效果，最后把它带到山顶上，一把将它扔了出去。这只鹰像块石头似的，直掉下去，慌乱之中它拼命地扑打翅膀，就这样，它终于飞了起来！

启示一：磨炼使你具有成功的力量。

（2）五枚金币。

有个叫阿巴格的人生活在内蒙古草原上。有一次，年少的阿巴格和他爸爸在草原上迷了路，阿巴格又累又怕，到最后快走不动了。爸爸就从兜里掏出 5 枚硬币，把一枚硬币埋在草地里，其余 4 枚放在阿巴格的手上，说："人生有 5 枚金币，童年、少年、青年、中年、老年各有一枚，你现在才用了一枚，就是埋在草地里的那一枚，你不能把 5 枚都扔在草原里，你要一点点地用，每一次都用出不同来，这样才不枉人生一世。今天我们一定要走出草原，你将来也一定要走出草原。世界很大，人活着，就要多走些地方，多看看，不要让你的金币没有用就扔掉。"在父亲的鼓励下，那天阿巴格走出了草原。长大后，阿巴格离开了家乡，成了一名优秀的船长。

启示二：珍惜生命，就能走出挫折的沼泽地。

（3）扫阳光。

有兄弟两人，年龄不过四五岁，由于卧室的窗户整天都是密闭着，他们认为屋内太阴暗，看见外面灿烂的阳光，觉得十分羡慕。兄弟俩就商量说："我们可以一起把外面的阳光扫一点进来。"于是，兄弟两人拿着扫帚和簸箕，到阳台上去扫阳光。

等到他们把簸箕搬到房间里的时候，里面的阳光就没有了。这样一而再再而三地扫了许多次，屋内还是一点阳光都没有。正在厨房忙碌的妈妈看见他们奇怪的举动，问道："你们在做什么？"他们回答说："房间太暗了，我们要扫点阳光进来。"妈妈笑道："只要把窗户打开，阳光自然会进来，何必去扫呢？"

启示三：把封闭的心门敞开，成功的阳光就能驱散失败的阴暗。

（4）一只蜘蛛和三个人。

一场雨过后，一只蜘蛛艰难地向墙上已经支离破碎的网爬去，由于墙壁潮湿，它爬到一定的高度，就会掉下来，它一次次地向上爬，一次次地又掉下来。第一个人看到了，他叹了一口气，自言自语："我的一生不正如这只蜘蛛吗？忙忙碌碌而一无所得。"于是，他日渐消沉。

第二个人看到了，他说："这只蜘蛛真愚蠢，为什么不从旁边干燥的地方绕一下爬上去？我以后可不能像它那样愚蠢。"于是，他变得聪明起来。

第三个人看到了，他立刻被蜘蛛屡败屡战的精神感动了。于是，他变得坚强起来。

启示四：有成功心态的人处处都能激发成功的力量。

（5）自己救自己。

某人在屋檐下躲雨，看见观音正撑伞走过。这人说："观音菩萨，普度一下众生吧，带我一段如何？"

观音说："我在雨里，你在檐下，而檐下无雨，你不需要我度。"这人立刻跳出檐下，站在雨中："现在我也在雨中了，该度我了吧？"观音说："你在雨中，我也在雨中，我不被淋，因为有伞；你被雨淋，因为无伞。所以不是我度自己，而是伞度我。你要想度，不必找我，请自找伞去！"说完便走了。

第二天，这人遇到了难事，便去寺庙里求观音。走进庙里，才发现观音的像前也有一个人在拜，那个人长得和观音一模一样，丝毫不差。这人问："你是观音吗？"

那人答道："我正是观音。"这人又问："那你为何还拜自己？"观音笑道："我也遇到了为难事，但我知道，求人不如求己。"

启示五：懂得自救才会成功。

（6）让失去变得可爱。

一个老人在高速行驶的火车上，不小心把刚买的新鞋从窗口掉了一只，周围的人都感到惋惜，不料老人立即把第二只鞋也从窗口扔了下去。这举动更让人大吃一惊。老人解释说："这一只鞋无论多么昂贵，对我而言已经没有用了，如果有谁能捡到一双鞋子，说不定他还能穿呢！"

启示六：成功者善于放弃，善于从损失中看到价值。

（7）请不要开错窗。

一个小女孩趴在窗台上，看窗外的人正埋葬她心爱的小狗，不禁泪流满面，悲恸不已。她的外祖父见状，连忙引她到另一个窗口，让她欣赏他的玫瑰花园。果然小女孩的心情顿时明朗。老人托起外孙女的下巴说："孩子，你开错了窗户。"

启示七：打开失败旁边的窗户，也许你就看到了希望。

（8）人生的秘诀。

30 年前，一个年轻人离开故乡，开始创造自己的事业。他动身的第一站，是去拜访本族的族长，请求指点。老族长正在练字，他听说本族有位后辈开始踏上人生的旅途，就写了 3 个字：不要怕。然后抬起头来，望着年轻人说："孩子，人生的秘诀只有6个字，今天先告诉你3个，供你半生受用。"

30年后，这个从前的年轻人已是人到中年，有了一些成就，也添了很多伤心事。归程漫漫，到了家乡，他又去拜访那位族长。他到了族长家里，才知道老人家几年前已经去世，家人取出一个密封的信封对他说："这是族长生前留给你的，他说有一天你会再来。"还乡的游子这才想起来，30年前他在这里听到人生的一半秘诀，拆开信封，里面赫然又是3个大字：不要悔。

启示八：中年以前不要怕，中年以后不要悔。

（9）司机考试。

某大公司准备以高薪雇用一名小车司机，经过层层筛选和考试之后，只剩下三名技术最优良的竞争者。主考者问他们："悬崖边有块金子，你们开着车去拿，觉得能距离悬崖多近而又不至于掉落呢？"

"二公尺。"第一位说。"半公尺。"第二位很有把握地说。"我会尽量远离悬崖，愈远愈好。"第三位说。结果这家公司录取了第三位。

启示九：不要和诱惑较劲，而应该离得越远越好。

（10）狮子和羚羊的家教。

每天，当太阳升起来的时候，非洲大草原上的动物们就开始奔跑了。

狮子妈妈在教育自己的孩子："孩子，你必须跑得再快一点，再快一点，你要是跑不过最慢的羚羊，你就会活活地饿死。"

在另外一个场地上，羚羊妈妈也在教育自己的孩子："孩子，你必须跑得再快一点，再快一点，如果你不能比跑得最快的狮子还要快，那你就肯定会被它们吃掉。"

启示十：记住你跑得快，别人跑得更快。

他们是怎样成功的

在这里，我们列举几个成功的事例来给打工的朋友们参考，看看他们（她们）是怎样成功的，从中学习一些经验和教训。

（1）不断学习，开辟新天地。

有位山区姑娘，名叫安子，初中毕业后到广州打工，先后在工厂的流水线、宾馆的前台、写字楼接线员等岗位工作过，而在工作的业余时间，她参加了大专函授学习，最终拿到了大专文凭。由于自己爱好文学写作，在拿到文凭之后，她开始文学创作，而且根据自己的工作经历，写出了一鸣惊人的打工纪实作品——《青春驿站》。成名之后，她又陆续在特区的各大报纸和电台担任专栏作者，在特区找到了自己的一片天空。

安子虽然放弃了学校的学业到城市打工，但是却没有放弃学习，也没有放弃自己的爱好和特长。因此，她的业余时间过得非常充实，也为自己的人生发展奠定了基础。她不仅是自己成功了，还利用自己的经历写出文学作品，吐露了很多打工朋友的心声，帮助他们渡过和解决了心理危机。

（2）独具慧眼，回乡创业。

湖南省怀化市的王绍俭，原来是一个流浪汉，说是流浪汉，其实是说他在很多地方从事过很多种工作，后来在广西从事爆破工程，挣了一些钱，某年中秋节在广西的市场上买了两个石榴花了10多块钱，心里想，这东西这么贵，肯定赚钱不少。于是自己就开始了解石榴市场信息以及品种、种植技术等信息。准备工作做完之后，他回到自己的家乡，承包了六七公顷地，到陕西购买了优良的石榴品种，回来开始搞石榴种植。在这个基础上，他又种植礼品西瓜、优质草莓和葡萄等水果，并且都是特色水果，在当地没有种植过的，所以到市场上卖的价钱也高。一个"流浪汉"因此而成为了当地小有名气的富翁，也成为当地科教兴农的科技带头人，带领乡亲们共同致富。

王绍俭的成功不仅仅是因为他选择了一条正确的致富之路，在外"流浪"的10多年经历让他的视野开阔了，看问题的角度也不同了，所以能够从千变万化的市场中发现有用的信息。如果是一个普通的农民，在城里看到那么贵的水果，可能只想到"太贵了，买了不值"，或者想到自己种，但是并不一定能够像王绍俭这样成功。所以说，在城市打工是一种难得的经历，它带来的不仅是金钱，还有更多的无形的财富。

（3）学习技术，开拓事业。

温世林是江西省赣南革命老区一个普通农民，10多年前，他和同乡们一起去了广东一家家具厂打工，一干就是七八年，成了厂里的技术骨干。3年前，他决定不再去广东，而在家乡办起了一个小型的家具厂。如今，温世林的家具厂已经粗具规模，投资150万元。他雇用了57名民工，厂里生产的家用和办公家具已经打入赣州、南昌、广州等大城市，目前他又开始在筹备一条真皮沙发生产线。

温世林说，他之所以选择回乡创业，主要原因有两个：一是想圆一个老板梦；二是觉得家乡好施展本事，也确实有用武之地。他说："虽然广东那家厂子的老板一再挽留我，并且许诺提拔重用，但在别人眼里我始终是一个'外乡人'、'打工仔'，而单凭自己积攒的几十万元想在广东办厂显然是不现实的，地租房租什么都贵。这时候恰好碰上家乡政府鼓励和扶持'回乡创业'，于是就回来了。"

近年来，在外出打工的人比较多的地方，出现了一个新的转变：各级政府由鼓励农民外出打工，转变为吸引打工人员"回乡创业"，为此还制定了很多优惠政策和措施，还有一些地方提出了变"打工潮"为"创业潮"的口号。因此，很多打工仔利用自己在城市打工学到的技术，纷纷回乡创业，既开拓了自己的事业，也为家乡的发展贡献了一份力量。

(4) 敢于挑战，战胜困难。

广东省东莞市某电子有限公司总经理何宗素，也是一个从"打工妹"成长起来的成功人士。

年轻时，为了家人，她选择了一次不幸的婚姻，后来又毅然脱离了这次婚姻，加入了南下打工的行列，在一家制衣厂先后做过保姆、管工、业务员。一年多以后，工厂因为管理不善破产了，何宗素以一种踏实的态度和拓荒的精神回到了江西故里，和朋友合伙投资在家乡办起了装潢公司，刚刚有了发展的时候，私营的装潢公司因为政策有变，关门停业，她血本无归。她也曾经因为挫折痛哭过，但是并没有向命运低头，而是勇敢面对厄运的挑战，重新踏上了南下的火车，进了一家电子厂做装配工。

在工厂，凭着她的执著追求，踏实的工作，刻苦的学习，很快由员工升为班长，不久晋升为组长，一年后破格提拔为科长。她重任在肩，一边勤奋努力不折不扣干好本职工作，一边利用业余时间虚心向同事讨教，很快学会了电子方面的英文常识，同时又学会了后勤管理、质量检验、财会知识，几乎精通公司全盘业务，深得老板的赏识和信任，更受到全体员工的尊敬。

一位台商来大陆投资办电子厂，经人介绍认识了何宗素，对她极为赏识，破例邀请她合作，由她负责担任大陆公司的总经理，负责大陆公司的一切事务。但这个公司在亚洲金融风暴中遭到了致命的打击，何宗素面临着又一次挑战。她没有气馁，想出各种办法应对危机，最终在各方朋友的协助下，重新开办了自己的"仙磷电子有限公司"，而且经营得有声有色，企业管理已经通过了 ISO9002 认证。

对于何宗素而言，几经挫折，几经挑战，跌倒了，爬起来。也正是在这样的磨难中，锻炼了她的勇气和胆识，才能有今天的成就。还有她不管身在何处，都刻苦努力，追求上进的精神，使得她能够一步一步走到最终的辉煌。

致富金点子

致富的门道很多，关键在于你能否发现。致富的机会很多，关键在于你能否把握。下面摘登几篇致富的金点子，希望大家能从中得到一定的启发。

金点子一：趁盛夏之热巧赚钱

夏季热气腾腾的季节，也是商机多多、商家大把赚钱的黄金季节。创业者们不妨设计一些适合夏季生财的小本生意项目，巧妙经营赚些钱，也好为日后更大规模的投资打下良好的基础。

（1）开个"减肥浴室"。

夏季到来，浴室又迎来一个"淡季"，使得许多浴室关门歇业。利用这个时机，你不妨转变思维方向，开办一个夏季"减肥浴室"。

浴室要花费一定的资金，购买电视机和影碟机，不停地播放"健美体操"或"减肥体操"的碟片。顾客在洗澡前，先做一至两遍体操，然后再去洗热水澡；洗完澡后，喝着浴室赠送的"减肥茶"。这样，顾客是"洗澡"、"减肥"两不误，而浴室可以做到"淡季"不"淡"，又可以增加收入，真是一举多得。

（2）开间冷点美食店。

租一间 15～20 平方米的门面，墙面用涂料刷白，店面必须合理地把操作间和餐厅分开，用铝合金隔断，安上玻璃拉门。餐厅的布置以白色、蓝色等冷色调为主，餐桌椅以竹木类材质的为好，给顾客一种自然清新的感受。凉点的制作品种可多样些，可聘请一位师傅。除做凉糕外，冰箱里应准备些凉粉、桂圆、龟苓膏等夏季糖水供客人选择。开冷点美食店，投资小，见效快，操作简单。随着天气越来越热，吃凉点的人也会越来越多，这就形成了富有潜力的市场。

（3）开个自制果汁屋。

原汁原味的鲜榨果汁备受消费者青睐。开间自制果汁屋，让原料直观地展现在客人的眼前，又使人们有了一显身手的好机会，是一个切实可行的好方法。自制果汁的使用工具简单，一至两台榨汁机、一台冰柜、一台电热水器、几只托盘，再备一些玻璃杯或一次性纸杯、吸管等就行。采购蔬果品种应尽量多些，保证新鲜，顾客可根据自己的口味和蔬果不同的美颜、保健等功效，任意挑选水果，也可让顾客自带水果，自己动手榨成汁，调成饮料。自制饮料是名副其实的天然饮品，顾客喝着放心，是夏季赚钱的好生意。

（4）开个"冰吧"。

"冰吧"就是出售各种风味冰激凌、冰激凌蛋糕和刨冰的专卖店。其实开间"冰吧"也不难，在人口流量较大的繁华地段租一间20多平方米的店面，购置刨冰机和三色软冰激凌机各一台，冰箱或冰柜一台以及数套桌椅、吧台，再添置些盘子杯子就营业了。冰吧的装修布置可精致一些，加上轻柔舒缓的音乐和空调送出的习习凉风，就能营造出一种安静舒适、情调十足的氛围。另外可备一些杂志和报纸供顾客浏览。而刨冰饮料则以其清爽淡雅、风味独特、口感纯正、防暑降温、清凉解渴等优点深受年轻人喜爱。在炎热的夏季，"冰吧"为生活在紧张的学习、工作中的都市人提供了一个休闲随意、放松心情的好去处，的确是夏季理想的赚钱门路。

（5）开展"速递"干鲜啤业务。

仿效邮局的邮政专递业务，你不妨也开家鲜啤"速递"店。夏天，瓶装啤酒消费减少，鲜啤消费增多。此时，若能为一些饭店、酒店甚至别人家里送鲜啤上门，这行当比较赚钱，尤其是要针对居民区的便民店，送货上门。干此行当不需多少资金，有条件的可买辆机动三轮车，省时方便；条件不好的，骑三轮车也能干。配部移动电话，便于与客户联系。

金点子二：盯住环保觅财路

注重环保，追求绿色，是时下市民消费的"主旋律"，在这种大背景下，若能乘"需"而入，生产、出售环保产品，肯定"钱"途远大。

（1）开个竹篮编制坊。

竹篮美观、耐用，而且又符合环保的需要，因此如果能用巧手编织出来到市场上卖，倒是个赚钱的好门路。只要在近郊靠河边租个简易房，雇上几个会编织手艺的民工就可以了。所需设备十分简单，人手一把竹刀，配上几把锯子。周转资金只需万元左右。竹子可以到附近的丘陵山区去进货，价格很便宜。除编制竹篮外，也可运用柳条、藤条等材料，编制手提篮，成本更低，工艺更简单，利润同样不薄。在销售方式上，可以在集贸市场附近设立代销点，也可批发给商贩零售。

（2）制作环保布艺家具。

这种家具是把钢管固定在一起，利用布艺的多种花色组合而成，不用木头，不用油漆，因此可称为环保家具，而且有价格低的优点。办这样一个家具店需要 30～50 平方米的一间铺面，再准备好缝纫机、棉布、钢管等工具、材料便可开张了。这种环保布艺家具好安装，便于携带，外表又可以随心所欲地变换，适合人群广，市场前景好。

金点子三：投资便利店利民又赚钱

所谓便利店，多数是小型商店，建立在居民区里，补充超级市场的不足，便利店与顾客距离近，营业时间长，不分节假日进行营业，且经营的都是人们日常生活不可缺少的商品。便利店可以在购买场所、购买时间、商品品种上为顾客提供方便。正是由于这种特点和需求，才有了投资的空间。

便利店贴近生活、服务万家，其对象是社区群众，消费群体较稳定。服务项目主要包括各类日用品、冷热饮料食品、香烟售卖、代售彩票、钓鱼票、游泳票，代销报纸、杂志，代冲胶卷、扩印、公用电话、邮票电话送货上门服务，免费租房中介、免费打气，免费热水、微波炉加热、雨具出借等业务。便利店提供服务是全天候的。

选择便利店的地址非常重要，有经验的人告诉大家，医院、菜场、学校附近，成熟或正在成熟的居民区的主干道上，人流较多的交通要道的转角处，都是开便利店的好地方，但是你要注意便利店附近的超市最好少一些。目前全国有许多连锁便利店，多以"便民"、"利民"的形象得到消费者的首肯。如果想作为便利店的加盟商，则需要 1~2 万元的加盟费，便利店采取薄利多销的原则，以准确、到位、快速及主动有效的服务赢得市场。

金点子四：做照相生意好赚钱

在生活中，人们都喜欢照相留影，但如果把它与投资创业联系起来，就会感到有无限的前景。

(1) 开家"照吧"。

"照吧"可与照相馆不同，"照吧"关键就在于它的照相方式。"照吧"里你找不到一个照相的师傅，想照相就只有一台自拍机。

这自拍的好处就是面对镜头，不管你是哭，是笑，是喜，是悲，没人拦着你。特别是一对恋人想留下亲密的一刻，可要面对着人该多难为情，这回面对的只是一台机器，就可以大胆一些了。

你的"照吧"里要有多个背景供顾客选择。春夏秋冬，国内国外，让顾客凭自己喜好随意挑。还要特别配备假发、帽子，照相的人多了点道具，一高兴就能多照几张。拍照者可以根据自己拍照时的表情，选择各种不同的背景画面，输入文字（电话号、手机号、英文等），调节明暗度，年轻人还可以跟自拍机内存储的明星图片合影，了却追星的心愿。整个拍照过程仅需 4 分钟。拍成后，可以将"照片"粘贴在名片、手机、信函上，还可以用配套的压牌机，压制出各种各样的装饰牌，如胸针、钥匙扣等。

（2）制作"百岁相册"。

现今，人们喜欢用相册珍藏相片。可是，市场上缺少一种个人专用的相册。"百岁相册"就是为此而设计的，它的特点是：

①"百岁相册"的封面画有一男童（或一女童）仰面从寿星老人那儿接过一只大寿桃。在孩童边留有空白，好让购买者为使用此册的孩子填写上姓名。封面上还烫有"百岁相册"醒目金字。

②"百岁相册"应有 102 页，每年插入留影一张。此外，还有大事记栏目。

③翻开"百岁相册"，它的首页是插孩子出生后的第一张留影，此外还留有姓名、性别、出生时间、出生地点、体重、身高、大事记等。

④"百岁相册"可分为普通型与豪华型。豪华型可配密码锁等保密设施。

"百岁相册"的作用：

①祝福作用。相册的封面画、相册的 102 页等都象征着祝孩子长命百岁之意，此相册应由父母或爷爷、奶奶，或外公、外婆等亲人购买，赠送给初生儿，以示祝福。

②有了此相册，就能提醒持有者在生日那天留影，并填写一年来个人发生的大事。年年如此，这样就为个人留下了"影文并茂"的档案。

（3）开间个性挂历工作室。

在这个张扬个性的年代里，谁都想表现自己。如果开间个性挂历工作室，把顾客的照片制作成挂历或者台历，来满足人们个性消费的需求，肯定能赚钱。

制作个性挂历、台历，首先要有精美的摄影作品。为了减少投资额度，创业之初，可以先租用摄影棚。这样，只聘请一两位专业摄影高手，就可以开展前期业务了。

个性挂历工作室的店面最好选择在商场、繁华地段或社区学校附近，开业时，制作几类精美的样品挂置、摆放在店中吸引顾客。可以制作婚纱挂历；成人、儿童的个人专辑挂历；个人摄影作品挂历。当然，还要联系好一家中小型彩印厂。

工作室为新婚夫妇订制"婚纱"挂历，为爱美的少女制作花季专辑，为宝宝印刷成长的故事。顾客拿到的一本本个性挂历、台历，无论是挂在家里或是送给能一同分享快乐的亲友，都是件乐事。个性挂历除了审美，还要体现它的实用价值。可以考虑把每个家庭的重要日期，纪念日，在挂历上展示出来。

为了扩展经营内容，你的工作室如有必要，还可以增加"电子影集"的制作项目。把顾客的照片配以各种文字、音乐、解说、图像，通过计算机软件处理，赋予图片新的艺术效果，这项经营内容需要投入多媒体电脑、刻录机、彩色扫描仪、视频处理软件、VCD 机等设备。

（4）开家永久照片制作店。

永久照片的制作是以普通玻璃取代相纸，采用专用设备和现代高清晰度显像技术及独特工艺，将照片（扩、缩）印在玻璃上。这种奇特的照片可摆放在任何地方，且具有图像清晰、层次分明、耐酸碱、耐磨、防火、防水等多种特点，能永久保存。

投资建议：

①员工须经过严格培训，学习技术时一定要学到位。

②如果与影楼、照相馆、照片冲扩部合营，利润分成，可以免去房租。

③要有宣传意识，打自己招牌，招徕顾客，接洽业务。

④由易到难，循序渐进，等业务有了发展，还可以开发制作名人纪念像、纪念章等系列产品。

第七章　社会保障与我们

什么是社会保障，什么是社会保险

社会保障是指国家以立法和行政措施确立对遇到疾病、伤残、生育、年老、死亡、失业、灾害或其他风险的社会成员给予相应的经济、物质和服务的帮助，以保障其基本生活需要的一种社会福利制度。社会保险是社会保障体系中最基本、最主要的组成部分。社会保险一般是指根据国家或各级政府立法，由劳动者、劳动者所在的企业或社区和国家等共同出资，以便在劳动者及其家庭因遭受年老、疾病、伤残、生育、死亡、失业等风险，导致收入减少、中断或丧失劳动能力而陷入贫困时，能够使其达到最低限度生活水平或满足基本生活需要而建立的一种社会保障制度。社会保险包括"五险"，即五种保险：

（1）养老保险。它是给予因年老或其他原因退休或离休的劳动者的生活保障。《劳动法》规定，凡是与用人单位建立劳动关系的劳动者，包括临时工和从事个体劳动的职工都应参加养老保险。

（2）工伤保险。它是指国家和社会为在生产、工作中遭受事故伤害和患职业性疾病的劳动者及其亲属提供医疗救治、生活保障、经济补偿、医疗和职业康复等物质帮助的一种社会保障制度。对农民工的工伤保险目前还处于起步阶段。

（3）医疗保险。农民工的医疗保险国家目前还没有明确的规定，因此是否为农民工办理医疗保险由企业自己决定。国务院办公厅在相关通知中指出："有条件的地方可探索农民工参加医疗保险的具体办法，帮助他们解决就业期间的医疗等特殊困难。"

（4）失业保险。按照国家规定，城镇企事业单位招用的农民合同制工人要与本单位城镇户籍职工一样参加失业保险，区别在于缴费不同。按照规定城镇企事业单位要按照本单位工资总额的2%按月缴纳失业保险费，城镇企事业单位中的城镇户籍职工按照本人月工资收入的1%缴纳失业保险费，但是农民合同制工人个人则不缴纳失业保险费。

（5）生育保险。是指女职工由于生育子女暂时丧失劳动能力导致没有正常工资收入来源时，由国家和社会及时给予物质帮助的一项社会保险制度。根据劳动部在1994年颁布的《企业职工生育保险试行办法》的规定，生育保险制度的实施范围包括中华人民共和国境内一切国家机关、人民团体、企事业单位的女职工。企业包括全民、集体、中外合资、合作、独资、乡镇、农村联户企业以及私营和城镇街道企业。

怎样确定需要参加的保险种类

我国的社会保障体系主要包括养老保险、医疗保险、失业保险、工伤保险、生育保险这五大险种。务工人员怎样确定需要参加的保险种类？我们认为，务工人员首先要对自己正确定位，然后根据不同的定位作相应的选择。怎样对自己定位？我们认为要根据自己的文化、技能、专业、收入、行业、劳动合同期限等因素并结合自己的实际情况才能做出。根据目前情况，我们作如下三种分类。

第一类：是已经城市化的农民工，占 15% ~ 20%，他们多年在城市工作，有稳定的职业、稳定的生活来源和相对固定的住所等。这类人员在城里干得不错，希望扎根城市，可以参加全部的社会保险。

第二类：基本上没什么专业技能，没有固定的工作和稳定的收入，务工的盲目性和流动性很大，经常是"打一枪换一个地方"，在城里不干了就回乡务农。这类人员大多从事建筑、矿山等高强度的重体力活，工作的危险性比较大，可以参加工伤、医疗保险。

第三类：介与前两者之间，这类人员既没有呆在城市里的打算，也不愿回到土地上，而是想在有一点积累后回到家乡附近的小城镇，做点小买卖。他们是我国发展小城镇的重要生力军，将来随着户籍制度的改革、城乡统筹就业的推进，我们可以预见，会有越来越多的农民离土离乡进城。这类人员可以参加工伤、医疗、养老保险，还可以结合各自实际有选择地参加其他社会保险。就业不稳定的，可以建立个人账户，个人账户可以随农民工流动。

用人单位必须为务工人员办理的保险有哪些

社会保障一方面能为农民工解决后顾之忧，另一方面有可能因为增加用工成本而影响其就业。对农民工而言，就业是第一位的。如果没有工作，他们就无法在城市里待下去。目前，城市里运行的社会保险制度成本太高。如果用人单位开出的工资是 500元，参加各项社会保险要再支出 200 多元。这样农民工和城镇职工相比，就不再具备明显的成本优势，用人单位有可能因此不愿再雇用农民工。所以，社会保险一定要先从最紧迫的险种着手。农民工的社会保障要分个轻重缓急，可先从最紧迫、费用较低的险种——工伤保险、医疗保险着手。

事实上，国家主管部门也同样意识到这一问题。目前，推行的主要是工伤保险和医疗保险，其中工伤保险重点放在了让风险较大、职业危害较重行业的农民工参保，医疗保险则重点解决农民工的大病医疗保障。

国家劳动和社会保障部最近已出台《关于农民工参加工伤保险有关问题的通知》（以下简称《通知》），《通知》强调，凡是与用人单位建立劳动关系的农民工，用人单位必须及时为他们办理工伤保险。对用人单位为农民工先行办理工伤保险的，各地经办机构应予办理。重点推进建筑、矿山等风险较大、职业危害较重行业的农民工参加工伤保险。用人单位注册地和生产经营地不在同一统筹地区的，原则上在注册地参加工伤保险。未在注册地参加工伤保险的，在生产经营地参加工伤保险。农民工受到事故伤害或患职业病后，在参保地进行工伤认定、劳动能力鉴定，并按参保地的规定依法享受工伤保险待遇。用人单位在注册地和生产经营地均未参加工伤保险的，农民工受到事故伤害或患职业病后，在生产经营地进行工伤认定、劳动能力鉴定，并按生产经营地的规定依法由用人单位支付工伤保险待遇。

劳动和社会保障部 2004 年 6 月 29 日出台了《关于推进混合所有制企业和非公有制经济组织从业人员参加医疗保险的意见》（以下简称《意见》），《意见》规定，根据农村进城务工人员的特点和医疗需求，各地劳动部门要合理确定缴费费率和保障方式，解决他们在务工期间的大病医疗保障问题；用人单位要按规定为其缴纳医疗保险费。对在城镇从事个体经营等灵活就业的农村务工人员，可以按照灵活就业人员参保的有关规定参加医疗保险。

目前，各地都制定了相应的规定，例如：北京市出台了外地农民工参加工伤保险和基本医疗保险的具体办法。除了从事个体务工、不存在劳动关系的农民工外，在京工作的农民工可以免费享受到与市民相同的保险待遇。

这一具体办法包括两个规定：《北京市外地农民工工伤保险暂行办法》和《外地农民工参加基本医疗保险暂行办法》（以下简称《办法》）。按照《办法》，外地农民工参加工伤保险和基本医疗保险，个人无须出钱，由用人单位缴费。即使用人单位未给外地农民工办理两项保险，一旦出现工伤或发生疾病，外地农民工也可以通过鉴定程序享受相应的保险待遇。

这两个《办法》适用于北京市行政区域内的城镇所有用人单位，包括企业、机关、事业单位、社会团体、民办非企业单位和与之形成劳动关系的外地农民工，即具有外省市农业户口，有劳动能力并与本市城镇用人单位形成劳动关系的人员。

什么是养老保险

　　养老保险是社会保障制度的重要组成部分。养老保险是国家和社会根据一定的法律和法规，为解决劳动者年老丧失劳动能力退出劳动岗位后的基本生活而建立的一种社会保障制度。

　　目前，世界上实行养老保险制度的国家可分为三种类型，即投保资助型（也叫传统型）养老保险、强制储蓄型养老保险（也叫公积金模式）和国家统筹型养老保险。另外，根据具体国情，我国创造性地实施了"社会统筹和个人账户相结合"的基本养老保险改革模式。我国是一个发展中国家，经济不发达，为了使养老保险既能发挥保障生活和安定社会的作用，又能适应不同经济条件的需要，以利于劳动生产率的提高，为此，我国的养老保险由三个部分组成，第一部分是基本养老保险，第二部分是企业补充养老保险，第三部分是个人储蓄型养老保险。

农民工有权参加基本养老保险

　　按照国务院《社会保险费征缴暂行条例》等有关规定，基本养老保险覆盖范围内的用人单位的所有职工，包括农民工，都应该参加养老保险，履行缴费义务。参加养老保险的农民合同制职工，在与企业终止或解除劳动关系后，由社会保险经办机构保留其养老保险关系，保管其个人账户并计息，凡重新就业的，应接续或转移养老保险关系；也可按照省级政府的规定，根据农民合同制职工本人申请，将其个人账户个人缴费部分一次性支付给本人，同时终止养老保险关系，凡重新就业的，应重新参加养老保险。农民合同制职工在男年满60周岁、女年满55周岁时，累计缴费年限满15年以上的，可按规定领取基本养老金；累计缴费年限不满15年的，其个人账户全部储存额一次性支付给本人。

什么是职工基本养老保险个人账户

根据《职工基本养老保险个人账户管理暂行办法》规定，职工基本养老保险个人账户，是指社会保险经办机构以居民身份证号码为标识，为每位参加基本养老保险的职工个人设立的唯一的、用于记录职工个人缴纳的养老保险费，以及上述两部分的利息金额的账户。个人账户是职工在符合国家规定的退休条件并办理了退休手续后，领取基本养老金的主要依据。个人账户记入的资金包括三个部分：①当年缴费本金，含个人全部缴费以及用人单位缴费中划入个人账户的部分；②当年本金生成的利息；③历年累计储存额生成的利息。

农民工个人以什么标准缴纳养老保险费

按照《国务院关于建立统一的企业职工基本养老保险制度的决定》规定，个人缴纳基本养老保险费的比例，1997年不能低于4%。此后一般每两年提高1个百分点，最终达到8%。

目前工资口径按国家统计局规定列入工资总额统计的项目计算，其中包括工资、奖金、津贴等收入。本人月平均工资低于当地职工月平均工资60%的，按当地月平均工资的60%作为缴费基数。本人月平均工资高于当地职工月平均工资300%的，按当地职工月平均工资的300%作为缴费基数。个人缴费不计征个人所得税，即计算个人工资所得税时，应该将个人缴纳的养老保险费扣除。已离退休的人员不缴纳养老保险费。职工个人缴纳的基本养老保险费一般由用人单位在发放工资时代为扣缴。

各地也有相关规定，例如，北京市劳动和社会保障局在2001年9月发文对此做出明确规定。该规定要求，用人单位自招用农民工起，就必须与其签订劳动合同，并为其办理参加养老保险的手续。养老保险费由用人单位和农民工共同缴纳，用人单位为每一位农民工每月缴纳的养老保险费为本市上年度职工月最低工资标准的19%，农民工本人缴纳的费用是本市上一年度职工月工资标准的7%～8%。养老保险费只有在本人达到养老年龄时才能支取，若在此之前死亡，其个人账户存储额中的个人缴费部分可以继承。农民工回农村的，可以保留养老保险关系，待在本市重新就业后续接。若用人单位招用农民工不为其办理审批、录用手续，不为其办理参加养老保险手续，劳动保障行政部门可按照国家及本市有关规定予以处罚；若因用人单位的问题致使农民工不能按规定享受养老保险待遇的，用人单位应按照有关标准予以补偿。

什么是企业补充养老保险

企业补充养老保险，之所以叫"补充"保险，是相对于国家的基本养老保险来说的。国外一般叫作职业年金。企业补充养老保险是指由企业根据自身经济实力，在国家规定的实施政策和实施条件下为本企业职工所建立的一种辅助性的养老保险。它处于多层次的养老保险体系中的第二层次，由国家宏观指导、企业内部决策执行。企业补充养老保险与基本养老保险既有区别又有联系，其区别主要表现在两种养老保险的层次和功能上的不同。

农民工有享受《工伤保险条例》的权利吗

2003 年 4 月 26 日，国务院总理温家宝签署第 375 号国务院令，公布了《工伤保险条例》，自 2004 年 1 月 1 日起施行。根据《工伤保险条例》的规定，工伤保险的适用范围包括中国境内各类企业、有雇工的个体工商户以及这些用人单位的全部职工或者雇工。所以，这些单位的农民工也应当参加工伤保险。

劳动和社会保障部《关于农民工参加工伤保险有关问题的通知》规定，用人单位注册地与生产经营地不在同一统筹地区的，原则上在注册地参加工伤保险。未在注册地参加工伤保险的，在生产经营地参加工伤保险。农民工受到事故伤害或患职业病后，在参保地进行工伤认定、劳动能力鉴定，并按参保地的规定依法享受工伤保险待遇。用人单位在注册地和生产经营地均未参加工伤保险的，农民工受到事故伤害或者患职业病后，在生产经营地进行工伤认定、劳动能力鉴定，并按生产经营地的规定依法由用人单位支付工伤保险待遇。劳动者参加工伤保险，本人无须缴纳工伤保险费。

工伤的范围是怎样的

（1）按照《工伤保险条例》（以下简称《条例》）的规定，职工有下列情形之一的，应当认定为工伤：①在工作时间和工作场所内，因工作原因受到事故伤害的；②工作时间前后在工作场所内，从事与工作有关的预备性或者收尾性工作受到事故伤害的；③在工作时间和工作场所内，因履行工作职责受到暴力等意外伤害的；④患职业病的；⑤因工外出期间，由于工作原因受到伤害或者发生事故下落不明的；⑥在上下班途中，受到机动车事故伤害的；⑦法律、行政法规规定应当认定为工伤的其他情形。

（2）职工有下列情形之一的，应当视同工伤：①工作时间和工作岗位，突发疾病死亡或者在48小时之内经抢救无效死亡的；②在抢险救灾等维护国家利益、公共利益活动中受到伤害的；③职工原在军队服役，因战、因公负伤致残，已取得革命伤残军人证，到用人单位后旧伤复发的。职工有上述第①项、第②项情形的，按照《条例》的有关规定享受工伤保险待遇；职工有上述第③项情形的，按照《条例》的有关规定享受除一次性伤残补助金以外的工伤保险待遇。

此外，《条例》第16条明确规定，职工有下列情形之一的，不得认定为工伤或者视同工伤：①因犯罪或者违反治安管理伤亡的；②醉酒导致伤亡的；③自残或者自杀的。

工伤认定怎样进行

（1）申请。职工如果发生事故伤害或者按照职业病防治法规被诊断、鉴定为职业病，其所在单位应当自事故伤害发生之日或者被诊断、鉴定为职业病之日起30日内，向统筹地区劳动保障行政部门提出工伤认定申请。遇有特殊情况，经报劳动保障行政部门同意，申请时限可以适当延长。用人单位如果没有在规定的时间内提交工伤认定申请，在此期间发生符合本条例规定的工伤待遇等有关费用由该用人单位负担。而且，用人单位未按上述规定提出工伤认定申请的，工伤职工或者其直系亲属、工会组织在事故伤害发生之日或者被诊断、鉴定为职业病之日起1年内，可以直接向用人单位所在地统筹地区劳动保障行政部门提出工伤认定申请。提出工伤认定申请应当提交下列材料：①工伤认定申请表；②与用人单位存在劳动关系（包括事实劳动关系）的证明材料；③医疗诊断证明或者职业病诊断证明书（或者职业病诊断鉴定书）。工伤认定申请表应当包括事故发生的时间、地点、原因以及职工伤害程度等基本情况。工伤认定申请人提供材料不完整的，劳动保障行政部门应当一次性书面告知工伤认定申请人需要补正的全部材料。申请人按照书面告知要求补正材料后，劳动保障行政部门应当受理。

（2）认定。劳动保障行政部门应当自受理工伤认定申请之日起60天内做出工伤认定的决定，并书面通知申请工伤认定的职工或者其直系亲属和该职工所在单位。职工或者其直系亲属认为是工伤，用人单位不认为是工伤的，由用人单位承担举证责任。

如何进行劳动能力鉴定

劳动能力鉴定，是由劳动能力鉴定委员会根据用人单位、职工本人或其直系亲属的申请，组织劳动能力鉴定医学专家，根据国家制定的标准，运用医学科学技术的方法和手段，确定劳动者劳动功能障碍程度和生活自理障碍程度的一种综合评定的制度。劳动功能障碍分为十个伤残等级：一级至四级为全部丧失劳动能力，五级至六级为大部分丧失劳动能力，七级至十级为部分丧失劳动能力。生活自理障碍分为三个等级：生活完全不能自理、生活大部分不能自理、生活部分不能自理。

《工伤保险条例》规定，职工发生工伤，经治疗伤情相对稳定后存在残疾、影响劳动能力的，应当进行劳动能力鉴定。鉴定申请应向设区的市级劳动能力鉴定委员会提出，并提交工伤认定决定和职工工伤医疗的有关资料。对该鉴定结论不服的，可以在收到鉴定结论之日起 15 天内向省、自治区、直辖市劳动能力鉴定委员会提出再次鉴定申请。省、自治区、直辖市劳动能力鉴定委员会做出的劳动能力鉴定结论为最终结论。劳动能力鉴定结论做出之日起一年后，工伤职工或其直系亲属，其所在单位或者经办机构认为残情发生变化，可以向劳动能力鉴定委员会提出复查鉴定申请，劳动能力鉴定委员会依据国家标准对其进行鉴定，做出劳动能力鉴定结论。

工伤保险待遇有哪些

（1）医疗待遇。

职工因工作遭受事故伤害或者患职业病进行治疗，享受工伤医疗待遇。通常情况下，职工治疗工伤应当在签订服务协议的医疗机构就医，但情况紧急时，可以先到就近的医疗机构急救。职工住院治疗工伤的，由所在单位按照本单位因公出差伙食补助标准的70%发给住院伙食补助费；经医疗机构出具证明，报经办机构同意，工伤职工到统筹地区以外就医的，所需交通、食宿费用由所在单位按照本单位职工因公出差标准报销。工伤职工治疗非工伤引发的疾病，不享受工伤医疗待遇，按照基本医疗保险办法处理。职工因工作遭受事故伤害或者患职业病需要暂停工作接受工伤医疗的，在停工留薪期内，原工资福利待遇不变，由所在单位按月支付。停工留薪期一般不超过12个月。伤情严重或者情况特殊，经设区的市级劳动能力鉴定委员会确认，可以适当延长，但延长不得超过12个月。工伤职工评定伤残等级后，停发原待遇，按照《工伤保险条例》的有关规定享受伤残待遇。工伤职工在停工留薪期满后仍需治疗的，继续享受工伤医疗待遇。

（2）伤残待遇。

①护理费。工伤职工已经评定伤残等级并经劳动能力鉴定委员会确认需要生活护理费的，由工伤保险经办机构从工伤保险基金中按月支付生活护理费。《工伤保险条例》规定，生活护理费按照生活完全不能自理、生活大部分不能自理或者生活部分不能自理三个不同等级支付，其标准分别为统筹地区上年度职工月平

均工资的 50%、40% 或者 30%。生活不能自理的工伤职工在停工留薪期需要护理的，由所在单位负责。

②辅助器具费。工伤职工因日常生活或者就业需要，经劳动能力鉴定委员会确认，可以安装假肢、矫形器、义眼和配置轮椅等辅助器具，所需费用按照国家规定的标准从工伤保险基金中支付。

③全残待遇。职工因公致残被鉴定为一级至四级伤残的，保留劳动关系，退出工作岗位，享受以下待遇：

a. 工伤保险基金按伤残等级支付一次性伤残补助金，标准为：一级伤残为 24 个月的本人工资，二级伤残为 22 个月的本人工资，三级伤残为 20 个月的本人工资，四级伤残为 18 个月的本人工资。

b. 工伤保险基金按月支付伤残津贴，标准为：一级伤残为本人工资的 90%，二级伤残为本人工资的 85%，三级伤残为本人工资的 80%，四级伤残为本人工资的 75%。伤残津贴实际金额低于当地最低工资标准的，由工伤保险基金补足差额。

c. 工伤职工达到退休年龄并办理退休手续后，停发伤残津贴，享受基本养老保险待遇。基本养老保险待遇低于伤残津贴的，由工伤保险基金补足差额。职工因公致残被鉴定为一级至四级伤残的，由用人单位和职工个人以伤残津贴为基数，缴纳基本医疗保险费。

劳动和社会保障部《关于农民工参加工伤保险有关问题的通知》规定，对跨省流动的农民工，即户籍不在参加工伤保险统筹地区（生产经营地）所在省（自治区、直辖市）的农民工，一级至四级伤残长期待遇的支付，可试行一次性支付和长期支付两种方式，供农民工选择。在农民工选择一次性或长期支付方式时，支付其工伤保险待遇的社会保险经办机构应向其说明情况。一次性享受工伤保险长期待遇的，需由农民工本人提出，与用人单位解除或者终止劳动关系，与统筹地区社会保险经办机构签订协议，终止工伤保险关系。一级至四级伤残农民工一次性享受工伤保险长期待遇的具体办法和标准由省（自治区、直辖市）劳动保障行政部门制定，报省（自治区、直辖市）人民政府批准。

④部分伤残待遇。部分伤残待遇又分两个档次，即五级、六级为一个档次，七级至十级为一个档次。职工因公致残被鉴定为五级、六级伤残的，享受以下待遇：

a. 从工伤保险基金中按伤残等级支付一次性伤残补助金，标准为：五级伤残为 16 个月的本人工资，六级伤残为 14 个月的本人工资。

b. 保留与用人单位的劳动关系，由用人单位安排适当工作。难以安排工作的，用人单位按月发给伤残津贴，标准为：五级伤残为本人工资的 70%，六级伤残为本人工资的 60%，并由用人单位按照规定为其缴纳各项社会保险费。伤残津贴实际金额低于当地最低工资标准的，由用人单位补足差额。

c. 经工伤职工本人提出，该职工可以与用人单位解除或者终止劳动关系，由用人单位支付一次性工伤医疗补助金和伤残就业补助金。具体标准由省、自治区、直辖市人民政府规定。

职工因公致残被鉴定为七级至十级伤残的，享受以下待遇：

a. 从工伤保险基金中按伤残等级支付一次性伤残补助金，标准为：七级伤残为 12 个月的本人工资，八级伤残为 10 个月的本人工资，九级伤残为 8 个月的本人工资，十级伤残为 6 个月的本人工资。

b. 劳动合同期满终止，或者职工本人提出解除劳动合同的，由用人单位支付一次性伤残补助金和伤残就业补助金。具体标准由省、自治区、直辖市人民政府规定。

（3）死亡待遇。

职工因公死亡，其直系亲属按照下列规定从工伤保险基金领取丧葬补助金、供养亲属抚恤金和一次性工亡补助金：

①丧葬补助金为6个月的该地区上年度职工月平均工资。

②供养亲属抚恤金按照职工本人工资的一定比例发给由因公死亡职工生前提供主要生活来源、无劳动能力的亲属。标准为：配偶每月40%，其他亲属每人每月30%，孤寡老人或者孤儿每人每月在上述标准的基础上增加10%。核定的各供养亲属的抚恤金之和不应高于因公死亡职工生前的工资。供养亲属的具体范围由国务院劳动保障行政部门规定。

③一次性工亡补助金标准为48个月至60个月的统筹地区上年度职工月平均工资。具体标准由统筹地区的人民政府根据当地经济、社会发展状况规定，报省、自治区、直辖市人民政府备案。

伤残职工在停工留薪期内因工伤导致死亡的，其直系亲属享受上述各项待遇；一级至四级伤残职工在停工留薪期满后死亡的，其直系亲属可以享受上述第①项、第②项待遇。

（4）工伤保险待遇领取中有关具体问题的处理。

①工伤保险长期待遇的调整。伤残津贴、供养亲属抚恤金、生活护理费由统筹地区劳动保障行政部门根据职工平均工资和生活费用变化等情况适时调整。调整办法由省、自治区、直辖市人

民政府规定。

②下落不明职工工伤保险待遇。职工因公外出期间发生事故或者在抢险救灾中下落不明的，从事故发生当月起3个月内照发工资，从第4个月起停发工资，由工伤保险基金向其供养亲属按月支付供养亲属抚恤金。生活有困难的，可以预支一次性工亡补助金的50%。职工被人民法院宣告死亡的，按照《工伤保险条例》关于职工因公死亡的规定处理。

③停止享受工伤保险待遇的情形。工伤职工有下列情形之一的，停止享受工伤保险待遇：

a. 丧失享受待遇条件的。

b. 拒不接受劳动能力鉴定的。

c. 拒绝治疗的。

d. 被判刑正在收监执行的。

④本人工资的计算。《工伤保险条例》所称本人工资，是指工伤职工因工作遭受事故伤害或者患职业病前12个月平均月缴费工资。本人工资高于统筹地区职工平均工资300%的，按照统筹地区职工平均工资的300%计算；本人工资低于统筹地区职工平均工资60%的，按照统筹地区职工平均工资的60%计算。

⑤其他有关问题。用人单位分立、合并、转让的，承继单位应当承担原用人单位的工伤保险责任；原用人单位已经参加工伤保险的，承继单位应当到当地经办机构办理工伤保险变更登记。

用人单位实行承包经营的，工伤保险责任由职工劳动关系所在单位承担。

职工被借调期间受到工伤事故的，由原用人单位承担工伤保险责任，但原用人单位与借调单位可以约定补偿办法。

企业破产的，在破产清算时优先拨付依法应由单位支付的工伤保险待遇费用。

职工被派遣出境工作，依据前往国家或者地区的法律应当参加当地工伤保险的，参加当地工伤保险，其国内工伤保险关系中止；不能参加当地工伤保险的，其国内工伤保险关系不中止。

职工再次发生工伤，根据规定应当享受伤残津贴的，按照新认定的伤残等级享受伤残津贴待遇。

非法用工单位的劳动者也有权享受工伤待遇

根据《非法用工单位伤亡人员一次性赔偿办法》（劳动和社会保障部令第 19 号）规定，非法用工单位伤亡人员，是指在无营业执照或者未经依法登记、备案的单位以及被依法吊销营业执照或者撤销登记、备案的单位受到事故伤害或者患职业病的职工，或者用人单位使用童工造成的伤残、死亡童工。《工伤保险条例》和劳动和社会保障部《非法用工单位伤亡人员一次性赔偿办法》规定，无营业执照或者未经依法登记、备案的单位以及被依法吊销营业执照或者撤销登记、备案的单位的职工受到事故伤害或者患职业病的，由该单位向伤残职工或者死亡职工的直系亲属给予一次性赔偿；用人单位不得使用童工，用人单位使用童工造成童工伤残、死亡的，由该单位向童工或者童工的直系亲属给予一次性赔偿。

一次性赔偿包括受到事故伤害或患职业病的职工或童工在治疗期间的费用和一次性赔偿金。职工或童工受到事故伤害或患职业病，在劳动能力鉴定之前进行治疗期间的生活费、医疗费、护理费、住院期间的伙食补助费及所需的交通费等费用，按照《工伤保险条例》规定的标准和范围，全部由伤残职工或童工所在单位支付。一次性赔偿金数额应当在受到事故伤害或患职业病的职工或童工死亡或者经劳动能力鉴定后确定。劳动能力鉴定按属地原则由单位所在地设区的市级劳动能力鉴定委员会办理，劳动能力鉴定费用由伤亡职工或者童工所在单位支付。一次性赔偿金按以下标准支付：一级伤残的为赔偿基数的 16 倍，二级伤残的为赔偿基数的 14 倍，三级伤残的为赔偿基数的 12 倍，四级伤残的为赔偿基数的 10 倍，五级伤残的为赔偿基数的 8 倍，六级伤残的为赔偿基数的 6 倍，七级伤残的为赔偿基数的 4 倍，八级伤残的为赔偿基数的 3 倍，九级伤残的为赔偿基数的 2 倍，十级伤残的为赔偿基数的 1 倍，死亡的为赔偿基数的 10 倍。赔偿基数是指单位所在地工伤保险统筹地区上年度职工年平均工资。

什么是医疗保险

医疗保险是指补偿因疾病风险造成的经济损失而建立的一种社会保险制度。同其他类型的社会保险一样，医疗保险也是以合同的方式预先向受疾病威胁的人员收取医疗保险费，建立医疗保险基金；当被保险人去医疗机构就诊而发生医疗费用后，由医疗保险机构给予一定的经济补偿。所以，医疗保险具有一般保险的风险转移和补偿转移这两大功能，将个人由疾病风险所导致的经济损失分摊给所有受到同样风险威胁的成员，用集中起来的医疗保险基金来补偿由疾病所带来的经济损失。

根据 1998 年《国务院关于建立城镇职工基本医疗保险制度

的决定》的规定，医疗保险的享受对象是城镇所有用人单位，包括企业（国有企业、集体企业、外商投资企业、私营企业等）、机关、事业单位、社会团体、民办非企业及其职工。

基本医疗保险费由用人单位和职工共同缴纳。用人单位缴费率应控制在职工工资总额的6%左右，职工缴费率一般为本人工资收入的2%。随着经济的发展，用人单位和职工缴费率可作相应调整。但从实际情况来看，国有企业职工基本上享受了医疗保险待遇；至于股份制企业、外资企业、私营企业的职工除上海等少数城市已纳入保险范围外，大部分都投商业保险，或者没有任何形式的医疗保险。

农民有权参加基本医疗保险

根据劳动和社会保障部于2004年6月29日出台的《关于推进混合所有制企业和非公有制经济组织从业人员参加医疗保险的意见》的有关规定，全国各地要逐步将与用人单位形成劳动关系的农村进城务工人员纳入医疗保险范围。根据农村进城务工人员的特点和医疗需求，合理确定缴费率和保障方式，解决他们在务工期间的大病医疗保障问题，用人单位要按规定为其缴纳医疗保险费。对在城镇从事个体经营等灵活就业的农村进城务工人员，可以按照灵活就业人员参保的有关规定参加医疗保险。据此，在已经将农民工纳入医疗保险范围的地区，农民工有权参加医疗保险，用人单位和农民工本人应依法缴纳医疗保险费，农民工患病时，可以按照规定享受有关医疗保险待遇。

基本医疗保险的费率是多少，
为什么要这么规定

《国务院关于建立城镇职工基本医疗保险制度的决定》规定，基本医疗保险费由用人单位和职工共同缴纳。用人单位缴纳率应控制在职工工资总额的 6% 左右，职工缴纳率一般为本人工资收入的 2% 。随着经济发展，用人单位和职工缴纳率可作相应调整。国家之所以由用人单位和职工个人的缴纳水平做出上述规定，主要有以下几个因素：

第一，考虑到基本社会医疗保险的层次作为国家基本的社会经济制度，必须保证所有参保人群在基本医疗保险的层次上能够实现基本的公平，这也是建立全国统一的劳动力市场，促进全国范围内实现劳动力流动的需要。而要保持大致公平，筹资水平是关键。但照顾到我国各地医疗消费水平和不同人群现有的医疗待遇差距，在改革的起步阶段还不能确定一个全国具体的基本医疗保险筹资比例，目前还只能根据全国平均的医疗消费水平确定一个全国控制的筹资水平。

第二，考虑到社会医疗保险作为整个社会保险的一部分，必须根据我国生产力发展水平，综合考虑财政、企业和个人的承受能力，综合平衡各项社会保险的负担水平，在渐次推开各项社会保险改革的过程中，必须对每一单项保险水平有所控制，以保证总体社会负担水平与我国生产力发展水平相适应。

第三，考虑到我国各地经济发展水平差异，原有的医疗消费水平有一定的差距，在控制基本筹资水平的同时，给各地一定的调整幅度。

个人基本医疗保险缴费基数如何计算

第一，各统筹地区要确定一个适合当地职工负担水平的个人基本医疗保险缴费率，一般为工资收入的2%。

第二，由个人以本人工资收入为基数，按规定的当地个人缴费率缴纳基本医疗保险费。个人缴费基数应按国家统计局规定的工资收入统计口径为基数，即以全部工资性收入，包括各类奖金、劳动收入和实物收入等所有工资性收入为基数，乘以规定的个人缴费率，即为本人应缴纳的基本医疗保险费。

第三，个人缴费一般不需个人到社会保险经办机构去缴纳，而是由单位从工资中代扣代缴。

什么是失业保险，农民工有权参加失业保险吗

失业保险是指国家通过立法强制实行的，由社会集中建立基金，对因失业暂时中断生活来源的劳动者提供物质帮助的制度。1994年国务院颁布的《失业保险条例》将失业保险对象规定为所有城镇企业、事业单位职工。城镇企业是指国有企业、城镇集体企业、外商投资企业、城镇私营企业及其他城镇企业，包括香港、澳门、台湾投资企业、联营企业等。城镇企业不包括乡镇企业。

对于农民工来说，失业保险一般分为两种。一种是城镇企业招用的农民合同制工人，根据《失业保险条例》规定，城镇企

事业单位招用的农民合同制工人应该参加失业保险，用人单位按规定为农民工缴纳社会保险费，农民合同制工人本人不缴纳失业保险费。单位招用的农民合同制工人连续工作满一年，本单位并已缴纳失业保险费，劳动合同期满未继续签订或者提前解除劳动合同的，根据农民合同工在城镇企业工作时间长短，在其回乡前给予一次性的生活补助，具体补助办法和标准由各省级人民政府规定。另一种是个体工商户及其雇工，对于没有雇工的个体工商户，不作为失业保险的对象，有雇工的个体工商户及其雇工是否纳入失业保险范围，由各省级人民政府根据当地实际情况决定。

用人单位应依法为农民工参加生育保险

目前，我国的生育保险制度还没有普遍建立，各地工作进展不平衡：从各地制定的规定看，有的地区没有将农民工纳入生育保险覆盖范围，有的地区则将农民工纳入了生育保险覆盖范围。如果农民工所在地区将农民工纳入到生育保险覆盖范围，农民工所在单位应按规定为农民工参加生育保险并缴纳生育保险费，符合规定条件的生育农民工依法享受生育保险待遇。

更换务工单位或返乡回家时，
所交的保险费怎么办

更换务工单位或返乡回家时，所交的保险费主要突出表现在养老保险费：由于我国养老保险实行的是区域化统筹，各省之间养老保险基金独立核算，农民工因流动性强而成为社会保障的一大难题。但是我国早已确定了社会统筹与个人账户相结合的模式，为保证养老保险资金的长期平衡，国务院《社会保险费征缴暂行条例》规定，基本养老保险覆盖范围内的用人单位的所有职工，包括农民工，都应该参加养老保险，履行缴费义务。参加养老保险的农民合同制职工，在与企业终止或解除劳动关系后，由社会保险经办机构保留其养老保险关系，保管其个人账户并计息，凡重新就业的，应接续或转移养老保险关系；也可按照省级政府的规定，根据农民合同制职工本人申请，将其个人账户个人缴费部分一次性支付给本人，同时终止养老保险关系，凡重新就业的，应重新参加养老保险。农民合同制职工在男年满 60 周岁、女年满 55 周岁时，累计缴费年限满 15 年以上的，可以按照规定领取基本养老金；累计缴费年限不满 15 年的，其个人账户全部储存额一次性支付给本人。

各地都制定了相关的规定，例如：长春市劳动和社会保障局 2004 年 9 月做出规定，自由职业者和灵活用工人员在省内流动时，只转移基本养老保险关系和个人账户档案，不转移资金；跨省流动时，连同个人账户资金一并转移。

另外，自由职业者和灵活用工人员在参保期间受升学、入伍、失业、服刑等问题影响而中断缴费时，其个人账户可以暂时封存，续保时，个人账户可前后合并计算。

自由职业者和灵活用工人员达到法定退休（养老）年龄时，符合退休条件且缴费年限累计满 15 年的，自劳动保障部门批准退休（养老）的下个月起，按月领取基本养老金。参保的灵活用工人员和自由职业者退休（养老）后出境定居的，可继续按月领取基本养老金，也可按规定选择一次性结清基本养老保险金。

　　若自由职业者和灵活用工人员在未达到法定退休年龄时死亡，则其个人账户储存额全部（除本人曾在企事业单位参保，单位缴费中划入个人账户部分以外）一次性支付给其合法继承人。

　　外埠参保人员结束在我市的经营和就业活动，我市参保人员迁入外省、市定居，其社会保险关系和个人账户储存额按规定转移；农民工回乡务农时，本人可自愿选择将账户封存或个人账户储存额一次性支付，选择个人账户封存的，再次参保时，缴费年限前后合并计算；选择一次性支付的，再次参保时，缴费年限重新计算。

什么是公积金

　　住房公积金是一种义务性住房储金，它是按照国家政策规定，通过"个人存储、单位资助"的办法建立的一笔属于个人的住房消费资金，专项用于个人支付住房方面的费用。

　　住房公积金是一种义务性的长期储金，它由职工及职工所在单位交纳。职工个人按月交纳占工资一定比例的公积金，单位也按月提供占职工工资一定比例的公积金，两者均归职工个人所有，随工资发放时缴纳，存入职工个人公积金账户。当职工离退休时，其积累的公积金本息一次性结清，退还职工本人。另外，当职工在职期间去世，其结余的公积金本息，可由其继承人或受遗赠人根据《继承法》办理提取手续。

　　在离退休前，住房公积金可以用于：购、建、修自有住房；偿还用于本人的住房方面贷款；支付本人分摊房租中超过本人工资的 5% 的部分。

附　录

全国总工会关于新生代农民工问题的研究报告

农民工是改革开放进程中成长起来的一支新型劳动大军，是我国现代产业工人的主体和现代化建设的重要力量。近年来，农民工中的新生代群体越来越受到党和政府以及社会各界的广泛关注。2010 年中央一号文件《关于加大统筹城乡发展力度进一步夯实农业农村发展基础的若干意见》明确要求，采取有针对性的措施，着力解决新生代农民工问题。为认真研究新生代农民工问题，并为解决好他们的实际问题提出切实可行的意见和建议，全国总工会成立了由中国工运研究所、全国总工会研究室、基层组织建设部、保障工作部等部门参加的新生代农民工问题研究课题组。今年 3 月至 5 月，课题组先后赴辽宁、广东、福建、山东、四川等省的 10 余个城市，就新生代农民工问题进行深入调研，并在广泛收集文献资料的基础上，形成此研究报告。

在本报告中，新生代农民工系指：出生于 20 世纪 80 年代以后，年龄在 16 岁以上，在异地以非农就业为主的农业户籍人口。本报告所用数据资料，大部分来自国家各部委公布的统计数据，另有一部分来自当前关于新生代农民工问题研究的调查数据。

一、新生代农民工概况与基本特征

（一）新生代农民工问题是传统农民工问题的延续和发展

农民工问题是我国城镇化、工业化和城乡二元经济社会结构下，政治、经济、社会体制等多种因素的综合性产物，是与农民工现象相伴生并不断凸显的社会问题。新生代农民工是在改革开放下成长起来的新一代群体，新生代农民工问题是传统农民工问题在新阶段的延续、体现和发展。随着改革开放以来我国工业化、信息化、城镇化、市场化、国际化程度的不断提高，他们的就业和生活环境相对传统农民工有了很大改善，对工作和生活有更高的、不同的要求；但在城乡二元社会体制没有彻底打破之前，在劳动力市场供大于求的就业结构下，他们与传统农民工有着类似的社会境遇，面临一些共同的基本社会问题。总之，这个群体的出现对我们解决农民工问题提出了与时俱进的新要求。

（二）新生代农民工的概况

1. 新生代农民工占外出农民工的六成以上，在经济社会发展中日益发挥主力军的作用

据国家统计局公布的数据：2009 年，全国农民工总量为 2.3 亿人，外出农民工数量为 1.5 亿人，其中，16～30 岁的占 61.6%。据此推算，2009 年外出新生代农民工数量在 8 900 万左右，如果将 8 445 万就地转移农民工中的新生代群体考虑进来，我国现阶段新生代农民工总数约在 1 亿人。这表明，新生代农民工在我国 2.3 亿（2008 年为 2.25 亿）职工中，已经占将近一半，他们在我国经济社会发展中日益发挥主力军的作用。

2. 平均年龄 23 岁左右，初次外出务工岁数基本上为初中刚毕业年龄

根据当前三项规模相对较大的新生代农民工调查数据（一项为中国人民大学 2010 年对全国 28 个省、自治区、直辖市共 1 595 名新生代农民工的调查，一项为珠三角新生代农民工的调

查数据,另一项为全国总工会研究室 2009 年组织对千家已建工会企业的问卷调查),新生代农民工的平均年龄为 23 岁左右,这要求我们在认识新生代农民工时,必须关注与其所处特定年龄阶段相关的一系列特征和问题。

同时,新生代农民工的初次外出务工年龄更低,基本上是一离开中学校门就开始外出务工。一项调查显示,在珠三角,传统农民工初次外出务工的平均年龄为 26 岁,而在新生代农民工中,80 后平均为 18 岁,90 后平均只有 16 岁。16 岁、18 岁的年龄,基本上意味着新生代农民工一离开初中或高中校门就走上了外出务工的道路,也意味着与传统农民工相比,他们普遍缺少离开校门后从事农业生产劳动的经历。

3. 近 80% 的人未婚

据全国总工会研究室 2009 年的调查,新生代农民工中的已婚者仅占 20% 左右。国务院研究室 2006 年发布的《中国农民工调研报告》显示,当时农民工中 80% 以上的人已婚。数据对比显示,新生代农民工主要是一个未婚群体,这意味着,这一群体要在外出务工期间解决从恋爱、结婚、生育到子女上学等一系列人生问题,这与外出期间 80% 已成家的传统农民工相比,存在很大差别,这是我们考察新生代农民工问题不可忽略的方面。

4. 受教育和职业技能培训水平相对传统农民工有所提高

据国家统计局数据,2009 年,在新生代外出农民工中接受过高中及以上教育的比例,30 岁以下各年龄组均在 26% 以上;年龄在 21~25 岁之间的达到 31.1%,高出农民工总体平均水平 7.6 个百分点。而 2008 年进行的第二次全国农业普查数据显示,在外出从业劳动力中,具有高中以上文化程度的仅占 10%。同时，新生代农民工中接受过职业培训的人员比例达到 36.9%，高出传统农民工 14 个百分点。数据对比说明，尽管新生代农民工仍以初中及以下文化程度为主、职业技能水平有待进一步提高，但是，相对传统农民工，他们的文化和职业教育水平已有较大提高。

5. 在制造业、服务业中的就业比重有所上升，在建筑业中的就业比重有所下降

新生代农民工就业的行业分布呈现明显的"两升一降"特征，即在制造业、服务业中的比重呈上升趋势，在建筑业中呈下降趋势。《中国农民工调研报告》显示，2004 年农民工在制造业、服务业和建筑业中的比重分别为 33.3%、21.7% 和 22.9%；而国家统计局 2009 年数据显示，外出农民工中从事制造业、服务业、建筑业的比重分别为 39.1%、25.5% 和 17.3%。数据对比可以发现：5 年间，制造业和服务业分别上升了 5.8 和 2.6 个百分点，建筑业则下降了 5.6 个百分点。这说明，相对于传统农民工，新生代农民工显露出了行业倾向性，开始偏向于劳动环境和就业条件更好的行业。

6. 成长经历开始趋同于城市同龄人

从成长经历来看，新生代农民工没有经历过父辈那样从农村到城市的变化过程，与城市同龄人更为趋同。很多新生代农民工自小就跟随父母移居城市，或是在农村初中（高中）一毕业就到城市"谋出路"，因此他们对城市生活环境比对农村生活环境更熟悉、更适应；即使出生、成长在农村，他们在务工前也同城市里的同龄人一样，大多数时间在学校读书，不熟悉农业生产。据统计，89.4% 的新生代农民工基本不会农活，37.9% 的新生代

农民工从来没有务工经验。而且，许多新生代农民工出生在城市，在农村没有土地等生产资料。据安徽阜阳市统计，该市无地农民工占外出农民工的 26.3%。随着城镇化进程的推进，这一群体势必将越来越大。此外，新生代农民工大多只有一两个兄弟姊妹，"较之父辈，生活是优越的，没有挨过饿，没有受过冻，温饱问题在他们头脑里没有什么概念"，"忍耐力和吃苦精神远不及父辈"，这一点与城市同龄职工也颇为相似。

（三）新生代农民工的四大特征：时代性、发展性、双重性和边缘性

新生代农民工作为农民工中的新生群体，一方面，因其与传统农民工同处城乡二元经济社会结构中，面临共同的社会境遇，自然潜移默化了这一群体共有的一些特征。另一方面，又因其出生成长于改革开放、社会加速转型的时代背景下，而明显带有不同于传统农民工的时代烙印，同时，他们所处的特殊人口年龄阶段又使其身上呈现出同龄青年共有的人格特征。概括地说，新生代农民工身上呈现出四大群体性特征——时代性、发展性、双重性和边缘性。

时代性的体现：新生代农民工处在体制变革和社会转型的新阶段，物质生活的逐渐丰富使他们的需求层次由生存型向发展型转变；他们更多地把进城务工看作谋求发展的途径，不仅注重工资待遇，而且也注重自身技能的提高和权利的实现；大众传媒和通信技术的进步使他们能够更迅捷地接受现代文明的熏陶，形成多元的价值观与开放式的新思维，成为城市文明、城市生活方式的向往者、接受者和传播者。

发展性的体现：新生代农民工年龄大多 20 岁出头，其思维、

心智正处于不断发展、变化的阶段，因此外出务工观念亦处于不断发展、变化中，对许多问题的认识具有较大的不确定性；他们绝大多数未婚，即将面临着结婚、生子和子女教育等问题，也必然要承接许多可以预见及难以预见的人生经历和变化；他们大多刚从校门走出 3～5 年，虽然满腔热情、满怀理想，但是，职业经历刚刚开始，职业道路尚处于起点阶段，在职业发展上也存在较大的变数。

双重性的体现：他们处于由农村人向城市人过渡的过程之中，同时兼有工人和农民的双重身份。从谋生手段来看，靠务工为生，重视劳动关系、工作环境，看重劳动付出与劳动报酬的对等，关注工作条件的改善和工资水平的提高，具有明显的工人特征；但是受二元体制的限制，他们的制度身份仍旧是农民，作为农民的后代，也不可避免地保留着一部分农民的特质。

边缘性的体现：新生代农民工生活在城市，心理预期高于父辈，耐受能力却低于父辈，对农业生产活动不熟悉，在传统乡土社会中处于边缘位置；同时，受城乡二元结构的限制与自身文化、技能的制约，在城市中难以获取稳定、高收入的工作，也很难真正融入城市主流社会，位于城市的底层，因此，在城乡两端都处于某种边缘化状态。

二、新生代农民工的观念转变

新生代农民工与传统农民工在观念上存在一些明显差异，概括起来，集中体现为"六个转变"。

（一）外出就业动机从"改善生活"向"体验生活、追求梦想"转变传统农民工外出就业的主要目的是"挣票子、盖房子、娶妻子、生孩子",总之,是为了改善比较饥饿的生活状态。而正值青春年华、职业道路刚刚开始的新生代农民工,外出就业的动机带有明显的年龄阶段性特征,用实地调研中一个 26 岁新生代农民工的话说,就是"体验生活、实现梦想"。

一项调查也证明了上述观点。关于外出就业的目的,选择"出来挣钱"的,20 世纪 60 年代出生的农民工占 76.2%,70 年代生生的占 34.9%,80 年代出生的只占 18.2%。同时,在 80 年代出生的农民工中,选择"刚毕业,出来锻炼自己"、"想到外面玩玩"、"学一门技术",以及"在家乡没意思"的人高达71.4%。

（二）对劳动权益的诉求,从单纯要求实现基本劳动权益向追求体面劳动和发展机会转变

20 世纪 80 年代,农民工刚刚在我国大规模出现时,他们外出就业的目的相对单纯——挣钱,因而对劳动权益的诉求也相对较低,甚至认为只要能够按时足额领到劳动报酬,社会保障和职业健康等其他劳动权益可有可无。而对于新生代农民工而言,就业背景、家庭环境和个人文化技能水平的不同,为他们外出就业创造了宽松的环境,他们对劳动权益的诉求向更高层次发展。用他们的话来说,那种工资不高、吃住不包、合同不签、保险不上、发展（机会）不大的单位,只有傻瓜才去。他们就业选择不仅看重硬件——工资,更看中软件——福利待遇、工厂环境、企业声望乃至发展机会等。新生代农民工对劳动权益相对较高的主观诉求,既体现为当所在单位与自己的诉求存在一定差距时"用脚投票"催发的高跳槽率上,又表现为对就业行业、就业岗

位和单位正规程度的更高要求上。

（三）对职业角色的认同由农民向工人转变，对职业发展的定位由亦工亦农向非农就业转变

新生代农民工所走的从校门到厂门的短暂历程，从学生到工人的角色转换，很大程度上决定了他们在情感上疏离农村，从职业角色上认同实际职业身份而非户籍身份，从职业发展定位上倾向于非农职业。一项调查显示，对于职业身份，在新生代农民工中，认为自己是"农民"的只有32.3%，比传统农民工低22.5个百分点，认为自己是"工人/打工者"的占32.3%，高出传统农民工10.3个百分点；而在20世纪90年代出生的农民工中，这一差异更加明显，认为自己是"农民"的仅占11.3%，这一比例几乎是传统农民工的五分之一，认为自己是"工人/打工者"的占34.5%，这一比例是传统农民工的2倍多。另据一项调查，关于"未来发展的打算"，选择"回家乡务农"的，在新生代农民工中只有1.4%，而在当前仍旧外出就业的传统农民工中这一比重为11%；打算"做小生意或创办企业"的，新生代农民工中有27%，几乎高出传统农民工10个百分点；打算"继续打工"的，新老两代农民工均占到一半以上。

（四）对务工城市的心态，从过客心理向期盼在务工地长期稳定生活转变

传统农民工近似于候鸟的打工方式和亦工亦农经历造就了他们城市过客心理。据1999年清华大学对农民工家庭的一项调查，89.7%的农民工表示将来一定会回到家乡定居，只有10.3%的人表示不回到家乡定居。其他学者根据历年来农村外出流动人口数据估算的结果也大致如此，即在传统农民工中，大约有10%

的人逐渐在城市沉淀了下来。然而，据中国青少年研究中心发布的新生代农民工研究报告，在新生代农民工中，有 55.9% 的人准备将来"在打工的城市买房定居"，远远高于 17.6% 的农业流动人口整体水平。数据对比说明，相对传统农民工，新生代农民工希望在务工地长期稳定生活的愿望更加强烈。

（五）维权意识日益增强，维权方式由被动表达向积极主张转变

传统农民工自我维权意识较弱，维权能力不高，权利被侵犯时往往采取忍气吞声或被动恳求的方式解决。而新生代农民工比上一代有更强的平等意识和维权意识，对获得平等的就业权、劳动和社会保障权、教育和发展权、政治参与权、话语表达权，以及基本公共服务权等方面，都比父辈有更高的期待，并表现出维权态度由被动表达向积极主张转变。据一项调查，当权益受到侵害时，新生代农民工中因为怕被报复而不向有关部门投诉的只有 6.5%，仅是传统农民工的一半；采取投诉行为时，以集体投诉方式进行的（几个人一起去投诉），新生代农民工为 45.5%，高出传统农民工 17.6 个百分点。

（六）对外出生活的追求，从忽略向期盼精神、情感生活需求得到更好的满足转变

不同年龄阶段的人有不同的生活及精神需求。传统农民工外出务工时年龄较大，大多已婚，他们为了实现挣钱的目标，大多不得不对情感精神生活采取忽略或无所谓的态度。而新生代农民工平均年龄为 23 岁左右，初次务工的年龄不足 18 岁，正处于婚恋期、思想彷徨期和情感高依赖期，他们更渴望在外出就业的同时，爱情能够有所收获，思想可以交流，困扰能够倾诉。据国家

统计局的调研报告，2006 年，在租赁房和自有房中居住的农民工只有 20.1%；而当前在新生代农民工中，住在租赁房和自买房中的比例已经上升到 37.7%，这从另一个方面说明他们对精神、情感和家庭归宿的更强需求。

三、新生代农民工面临的主要问题

新生代农民工作为农民工的一部分，与传统农民工面临着一些共同的问题，比如：工资拖欠、劳动合同签订率低、社会保障水平较低、职业健康安全保障不足等基本劳动权益保障问题。同时，由于具有不同于传统农民工的新特征和新诉求，新生代面临的问题又有其特殊性。

（一）工资收入水平较低、务工地房价居高不下，是阻碍其在务工地城市长期稳定就业、生活的最大障碍

据公安部 2007 年的调查，按照自身收入水平，有 74.1% 的农民工愿意承受的购房单价在 3 000 元/平方米以内，有 19% 愿意承受 3 001~4 000 元之间的单价，愿意承受 4 000 元以上的只有 6.9%。然而，据调研，3 000 元/平方米的房子主要集中在中、西部地区的县市及以下城镇，在农民工集中流入的东部沿海地区，即便是小城镇的房价也远远超过了 3 000 元/平方米。例如，东莞市当前的房价已经接近 6 000 元/平方米，即使房价相对较低的沙田镇和常平镇，房价也在 3 500 元/平方米以上，大多数建制镇的均价在 5 000 元/平方米以上。对比农民工所能承受的房价与现在农民工流入集中地的房价，可以推断，如果按照当前的新生代农民工收入水平，假定他们的工资增速能够赶上房价的涨速（目前来看这一假定基本上不成立），按照商品价购

房，新生代农民工中最终能够实现在务工地城市购房定居梦想的比例也不会超过 10%。

（二）新生代农民工的教育程度和职业技能水平滞后于城市劳动力市场的需求，是阻碍其在城市长期稳定就业的关键性问题

据中国劳动力市场网发布的信息，2009 年城市劳动力市场对高中及以上文化程度的劳动力需求占总需求的 60.2%，对初中及以下文化程度的劳动力的需求仅占 39.8%。然而，据当前已有的调查数据综合判断，当前在新生代农民工中，具有高中及以上文化程度的只有三成左右。同时，城市劳动力市场中需求量最大的是受过专门职业教育，具有一定专业技能的中专、职高和技校水平的劳动力，这部分占总需求的 56.6%，而在新生代农民工中这部分人只有二成左右。也就是说，在知识和技能逐渐代替简单体力劳动作为劳动力市场选择标准的背景下，如果新生代农民工的教育和技能水平不能获得比劳动力市场需求更快的发展，按照他们目前的技能水平估算，只有大约三成的人能够在城市长期稳定就业。

（三）受户籍制度制约，以随迁子女教育和社会保障为主的基本公共需求难以满足，是影响其在城市长期稳定就业和生活的现实性、紧迫性问题

新生代农民工基于自身阅历和切身体验，对子女受教育的期望都非常高。他们中越来越多的人正是为了让子女能够在城市接受更好的教育而选择在务工地就业和定居。据中国流动人口监测报告，2009 年农村流动人口子女中，70.2% 随同父母流动，只有 29.8% 留守农村。然而，农民工随迁子女入学难问题仍相当突出，据教育部 2008 年发布的一项研究报告：农民工随迁子女

在公办小学就读的比例，北京为 63%，上海为 49%，广州仅为 34.6%。学龄儿童中未上学的比例，北京为 3.81%，上海为 3.56%，广州高达 7.19%。农民工子女半数以上都有转学经历，在转学三次及以上的比例中，大城市最高，中等城市最少。一些城市公办学校还存在收取借读费和赞助费等行为，而大城市最突出。随着新生代农民工年龄的增长，他们中越来越多的人将步入育龄阶段，与此相伴，随迁子女教育问题，也必将越来越成为他们在务工地稳定就业、生活不得不面对的现实性、紧迫性问题。

国际社会的成功经验表明，社会保障替代土地保障，是农民实现从农村迁移到城市、从农业转向非农业的一个不可或缺的基本条件。对于新生代农民工而言，要想实现在务工地城市长期稳定就业、生活的目标，必须至少享有三个层次的社会保障：其一为解决年老和疾病时后顾之忧的养老保险和医疗保险；其二为解决失业后暂时生活困难的失业保险；其三为防范沦入贫困境地的最后一张保障网——最低生活保障。然而，据调查，目前新生代农民工中，享有养老、医疗、失业保险的比例分别为 21.3%、34.8% 和 8.5%，且不说企业的缴费标准大多以各地的缴费下线为准，而城市最低生活保障的保障对象为当地城市户籍人口，农民工基本上没有享受该项保障的权利。显然，目前新生代农民工实际享有的社会保障水平，与他们企盼在务工地城市稳定就业和生活的诉求之间，距离还相当悬殊。

（四）职业选择迷茫、职业规划欠缺、学习培训的需求难以有效实现，是阻碍其实现职业梦想不可忽视的因素

新生代农民工大多刚迈出中学校门，他们带着对传媒中、社会上成功人士的羡慕和崇拜，期盼通过自身的努力实现美好的梦

想。但是，他们的心智发展尚未成熟、思想尚未稳定、身份认同尚不清晰，面对铺天盖地、瞬息万变的信息和复杂的社会环境，确定具体职业发展目标的能力仍旧不足；加上家庭小型化带来的更低挫折耐受力，他们制定及实施职业规划的能力更低。同时，他们继续学习的愿望非常强烈，据调查，69.7%的人表示迫切需要了解专业技能知识，54.7%的人表示需要学习法律知识，47.8%的人表示希望提升文化知识，但是，由于闲暇时间较少、下班时间较晚、学习培训机构距离较远等因素，导致他们能够便捷、安全、有效接受专业学习培训的渠道严重匮乏。在上述因素下，新生代农民工的职业发展目标、就业单位频繁变换，学习培训的专业技能缺少可持续性或者不适应市场需求。这既浪费了他们大量人力、物力和时间，又不利于其人力资本的积累和企业用工的稳定。

（五）情感、精神的强烈需求不能很好地满足，是困扰他们的首要心理问题，也是在现实生活中最少得到关注的深层问题

新生代农民工正处在交友、恋爱、结婚的黄金期。同时，他们刚走出校门，仍处于"半成人"阶段，对思想沟通和情感交流的需求更强。由于上班时间长、接触面较窄、工资收入低、就业行业农民工男女比例失调（建筑业和制造业男性多，服务业女性多），这就使他们普遍面临想交友没时间、想恋爱没人选、想倾诉没对象的困境，再加上企业管理和文化建设的不足，以及社会人文关怀的欠缺，婚恋和精神情感成为困扰他们的首要心理问题。据中国青少年研究中心的调查，"感情孤独"已成为新生代农民工面临的主要困惑，在北京建筑业接受调查的农民工，超过七成将"感情孤独"作为困难的首选。在实地调研中，透过

一些新生代农民工略带羞涩的话语，常让我们感到其内心闪烁的隐痛和不安。

（六）劳动合同签订率低、欠薪时有发生、工伤事故和职业病发生率高等劳动权益受损问题，是其急需解决的突出问题

共同的经济社会环境，同样的农民工身份，差距不大的人力资本状况，使新生代农民工在基本劳动权益实现上与传统农民工相比虽然有所提高，但是总体境况相似，仍旧普遍面临着一些共同的、亟待解决的基本问题。这些问题突出表现在劳动合同签订率低、欠薪时有发生、职业卫生健康保障不够等方面。据一项在广东的调查，2009 年，新生代农民工的劳动合同签订率只有61.6%；遭遇工资拖欠的人所占比例为 7.1%；人均拖欠工资1 538.8元，差不多相当于人均 1.5 个月的工资。另据国家人口计生委发布的 2009 年流动人口监测报告，60% 的农业流动人口就业于工作条件差、职业病发生率高和工伤事故频发的低薪、高危行业。同时，据调查，新生代农民工发生工伤事故时，仅有60% 的用人单位为其支付医疗费用。其中，服务业最差，这一比例只有 47.3% 。

四、对策与建议

党和政府对农民工问题始终高度重视，近年来出台了《国务院关于解决农民工问题的若干意见》等一系列政策措施，农民工工作取得了重要进展。随着我国进入加快城乡统筹发展、加快经济发展方式转变的新阶段，随着农民工群体内部出现明显的结构性变化——新生代农民工已经成为农民工的主体并必将成为产业工人的主体，该群体具有一些不同于传统农民工的新特征、

新诉求和新问题，这些诉求和问题的积累已经开始显露出对我国政治社会稳定、经济可持续发展、农民工家庭幸福及其个人发展的负面影响。这就使有针对性地解决新生代农民工问题成为国家发展中事关大局的紧迫问题。

由于我国城乡二元社会结构的长期性、城镇化的过程性、市场经济的趋利性和社会利益结构的凝固性，使得农民工问题十分复杂。新生代农民工问题既涉及农民工的共性问题，又有其群体特殊性。问题的解决既要着眼全局和长远，着力完善制度和体制、机制，大力提高已有政策、措施的效力和效率，促进问题的根本解决；又要从新生代农民工群体的特殊性出发，以促进新生代农民工市民化为目标，以新生代农民工市民化最关键的环节——就业培训、住房、社会保障和公共服务为重点，以素质门槛、学历门槛、技能门槛、人力资本积累门槛、社会保险缴纳门槛和稳定居住门槛等为主要标准扩大户籍改革的口子，采取有针对性的措施，力争尽快取得新进展。

（一）以新生代农民工问题为重点，将解决农民工问题纳入国家和地方经济社会发展规划之中，纳入常住地公共预算之中

要以贯彻中央《关于加大统筹城乡发展力度进一步夯实农业农村发展基础的若干意见》为契机，以新生代农民工市民化作为统筹城乡协调发展的战略目标，将解决农民工问题纳入国家和地方经济社会发展规划。各级政府应以常住人口为基础，把农民工工作纳入国民经济和社会发展的中长期规划和年度计划，明确发展目标、细化阶段任务、保障资源和措施、落实领导和机构分工、完善人员配备。中央政府各相关部门应重点就新生代农民工最需要的职业教育培训、子女教育、住房改善、社会保障、户

籍改革和城市公共服务中心建设等方面，制定专项规划，并督促各地因地制宜制定地方专项规划。力争到"十二五"期末使目前已有及新增的"两后生"（指初中、高中毕业后未考取大中专院校，又不愿意复读的学生）80% 以上能免费接受一次职业教育，已经进入劳动力市场的农民工 80% 以上接受初、中级职业技能培训；确保各地 90% 以上的农民工子女，能够进入公办学校和政府委托的普通民办学校接受免费义务教育。力争农民工工伤保险实现全覆盖，医疗保险达到 60% 以上，养老保险达到 50% 以上，解决至少 20% 的外来农民工进城落户问题。力争农民工劳动合同签订率达到 90% 以上，所有城市建立农民工工资支付保障金制度和工资正常增长机制，所有城镇建立农民工就业—服务—维权—传染病预防一体化的公共服务中心。

建立按照常住人口配置土地、公共设施、预算等公共资源的制度，将农民工纳入常住地公共预算，并逐渐加大对农民工公共预算的存量和增量投入。建立农民工服务和管理工作的经费保障机制，各级财政应将涉及农民工的就业技能培训、社会保障、子女教育、计划生育、权益维护、治安管理和信息系统建设等有关经费，纳入本级财政预算，提交同级人民代表大会审议，并确保用于农民工的预算在存量和增量上逐年科学、合理地增长。将农民工纳入政府公共服务体系，使之享受与城镇职工同城化待遇，逐步实现公共服务统一政策、统一制度、统一管理和统一服务。多渠道多形式提供农民工居住场所，发展公共租赁住房，建设农民工公寓，鼓励和支持有条件的企业设置夫妻房，探索建立农民工住房公积金制度，鼓励有条件的城市将有稳定职业并在城市居住一定年限的农民工逐步纳入城镇住房保障体系，改善农民工居住条件。深入贯彻落实《义务教育法》，落实以输入地为主和以公办中小学为主的政策，加快将农民工随迁子女义务教育纳入公共教育体系，纳入城市发展总体规划和教育事业发展规划，保障农民工随迁子女接受义务教育权益的落实。开展做文明新市民活动，引导新生代农民工按照现代城市文明要求规范自身行为，提高文化素质，促进精神文明建设。

（二）通过试行新生代农民工城镇落户制度，加快推进城镇化建设

户籍问题是新生代农民工融入城市的一大瓶颈。中央明确提出统筹城乡发展的战略决策，要求把解决符合条件的农业转移人口逐步在城镇就业和落户作为推进城镇化的重要任务，这为我们从根本上解决农民工问题尤其是新生代农民工问题指明了方向。各地应积极、稳妥地创新和推进户籍制度改革，对在中小城市、小城镇实现稳定就业创业而又放弃农村责任地的农民工，取消准入门槛；在稳定就业前提下，农民工有条件进行投资或有不低于城市人均住房面积的住房，或单位提供相应面积廉租公寓的，准许转入城镇户口；大城市和特大城市要积极研究放宽新生代农民工进城落户的相关政策，采取积分制落户办法，将教育、技术资格、工龄、社保缴纳年限等作为积分内容，优先考虑将农民工劳模、农民工高级技能人才、农民工人大代表等农民工优秀分子转变为市民。可考虑通过稳定居住、社会保险缴纳、学历和职业技术、突出贡献、人力资本积累等标准，力争每年解决3%的外来农民工——即300万人进城落户问题，以使符合条件的农民工能够转入当地城市户口，享有与当地市民平等的待遇。当前的过渡措施是：一是逐步剥离附加在户口上的社保、住房、子女教育等

社会福利，引导人口有序迁徙流动和就业。二是普遍推广居住证制度，进一步清理取消歧视性规定。三是大力发展县域经济，改善县城和中心镇的就业创业条件和人居环境，加强基础设施建设，提高综合承载能力，促进农民工及其家属向小城镇聚集。通过不懈的努力，力争到"十二五"期末，我国城镇化率达到50%。

（三）加强对相关法律制度的完善、落实和监管，加大维护新生代农民工劳动经济权益的力度

进一步完善立法和政策，为解决新生代农民工问题创造法制环境和制度保障。针对新生代农民工文化、职业技能的不足，研究建立农村中等职业教育免费教育制度，农村新成长劳动力免费劳动预备培训制度，创新农民工培训机制，鼓励和支持企业开展针对性上岗技术培训；针对恶意欠薪行为，修改《刑法》，设立"恶意欠薪罪"；针对随迁子女高中阶段教育困境，研究制定农民工随迁子女接受高中阶段教育的方案。

贯彻落实《劳动合同法》及相关法律法规，积极指导新生代农民工签订劳动合同，规范企业经济性裁员。以中小劳动密集型企业、城乡结合部和乡镇企业为重点，开展打击非法用工专项行动，督促企业依法规范用工。促进建立农民工工资正常增长机制，完善工资指导线、劳动力市场工资指导价位和行业人工成本信息指导制度，推动农民工与企业其他职工同工同酬。督促企业改善管理，强化科学管理和人性化管理理念，积极履行社会责任，使广大职工实现体面劳动。以贯彻落实《城镇企业职工基本养老保险转移接续暂行办法》为契机，努力提高新生代农民工基本社会保险的参保率。加强农民工职业病防治和职业健康保

护，搞好农民工安全生产培训教育，严格执行高危行业农民工持证上岗制度，依法保障农民工职业卫生和生产安全。

（四）大力提高农民工的社会政治地位，加强对新生代农民工的人文关怀

加大对农民工的舆论宣传，宣传党和国家关于农民工工作的各项方针政策及农民工所作的重大贡献，引导用工单位认真履行社会责任，进一步营造关心、尊重和爱护农民工的良好社会氛围。畅通农民工利益诉求渠道，保障农民工参与管理社会事务的民主政治权利。贯彻落实修改后的《选举法》有关城乡居民选举"同票同权"的规定，制定相关措施切实保障农民工的选举权。逐步提高农民工尤其是新生代农民工在各级党代会、人大和工会代表大会及企业职代会中的比例，增加其参政议政、权益表达、参与决策管理的渠道和机会。注重在优秀农民工中发展党员，逐年增加新生代农民工在劳动模范、高级技工技师以及有其他突出贡献者中的比例。

积极组织适合新生代农民工特点的丰富多彩的文体活动，丰富其业余生活。要深入细致地做好思想教育和培训工作，帮助新生代农民工提高思想道德素质和技术技能素质，加强企业文化、职工文化建设，开展喜闻乐见、丰富多彩的业余文化活动，满足他们的精神文化需求。注意加强青年职工特别是新生代农民工的心理疏导和行为矫正服务，加大对他们心理健康的关注和投入，开展社会关怀活动，帮助他们搞好自我管理、自我调适，缓解心理压力，提高耐挫能力，树立健康向上的生活情趣。关心新生代农民工的恋爱婚姻问题，为他们组织开展交友联谊活动，为解决婚姻问题创造条件。

（五）进一步探索新生代农民工维权工作的新机制、新方法，形成社会化的工作格局

建立健全党政主导、工会运作、相关部门协作的社会化维权工作体制，赋予工会更多的资源和手段维护农民工的合法权益。进一步探索促进新生代农民工工作的新机制、新方法。按照促进科学发展的要求，建立农民工工作目标责任考核和激励约束机制，把农民工就业培训、收入增长、居住、就医、子女入学和社会保障等基本生活条件改善，纳入地方政府绩效考核指标体系。鼓励各地根据实情，因地制宜地探索和尝试新生代农民工就业培训教育、住房改善、户籍制度改革、随迁子女高中阶段教育的新机制和新方法。加强农民工工作机构和队伍建设，推进农民工工作在相关机构和地方的常规化和规范化。完善农民工信息统计监测调查制度和农民工信息网络建设，提高农民工就业管理和服务的网络化程度，实现信息共享。建立和完善地区之间农民工工作机构的协作机制，使之在劳务对接、权益维护、信息沟通等方面更好地发挥作用。同时，借鉴国外解决类似"农民工"和移民问题的有益经验，为创新我国新生代农民工工作提供参考。

（六）各级工会要进一步加强维权的力度，增强对新生代农民工的吸引力和凝聚力

要以新生代农民工为重点对象，创新农民工组织形式和入会方式，通过源头入会、劳务市场入会、先入会再组织成建制劳务输出、加强劳务派遣工入会等措施，推进工会组建和发展会员工作。加强农民工会籍管理，推广完善农民工"一次入会、持证接转、全国通用、进出登记"的工会会员会籍管理制度，健全

城乡一体的农民工流动会员管理服务工作制度。加强乡镇（街道）、村（社区）工会组织建设，大力推进区域性、行业性基层工会联合会建设，聘用社会化、职业化工会工作者，充分发挥基层工会联合会在组织农民工加入工会中的重要作用，扩大对农民工的覆盖率。进一步推行和探索会员优惠办法，拓宽优惠渠道，体现会员与非会员的区别，增强工会组织的吸引力和凝聚力，提高农民工自愿入会的积极性。

加强源头参与机制建设，积极参与《劳务派遣规定》《企业工资条例》《企业民主管理条例》等涉及农民工切身利益的法律法规和政策的制定，积极反映新生代农民工利益诉求，提出政策主张，为党和政府科学决策提供参考。进一步推进《劳动合同法》等相关劳动法律和制度的贯彻落实，督促相关部门定期或不定期进行专项检查。以非公有制企业为重点，开展覆盖农民工的职代会、工资集体协商和女职工权益保护专项集体合同工作，保障包括新生代农民工在内的广大职工民主权利、工资分配和获取劳动报酬的权益。有针对性地做好新生代农民工宣传教育工作，提高其依靠工会组织维护自身权益的意识。推广培训—就业—维权"三位一体"工作模式，积极开展政策咨询、职业指导、职业介绍、小额贷款担保、跟踪扶持等农民工就业服务。继续推动"千万农民工援助行动"、"家政工程"、法律援助等活动的实施，发挥工会"职工就业培训基地"、"农民工技能培训基地"的示范作用，开展有工会特点、符合市场需求和新生代农民工要求的培训，着力提高新生代农民工的职业技能水平。支持企业开展岗位培训，推动落实企业组织农民工培训的资金补贴政策。加强输出地和输入地工会的信息交流和劳务对接。积极开展建设学习型组织、争做知识型职工活动，努力提高新生代农民工的劳动技能和综合素质，培养造就高素质的现代产业工人。

资料来源:《工人日报》2010-06-21